马克 著

# 谁动了我的钱包

## 解构消费领域中的认知陷阱

中国·武汉

### 张坚
思科中国区原副总裁、中国惠普政府事业部原总经理、惠普商学院原校董
畅销书《大客户销售心法》作者

我们常听到这样一句话："认知是人与人之间唯一的本质区别。"在这个VUCA的时代、人工智能和算法广泛应用的时代、短视频流行和知识碎片化的时代，我们看到许多人不断被"割韭菜"。如果想要避免被"割韭菜"，理性地消费，首先需要提升认知能力。马克在本书系统探讨了规则红线范围内的认知税模式，深入地剖析了消费者心理和市场策略的交互作用，从认知弱点出发，详尽地探讨了消费者如何在不自知的情况下缴纳"认知税"。通过对产品、品牌概念和形象维护的案例分析，本书揭示了市场中的复杂认知游戏，是当今时代理性消费者需要的一本好书。

### 吴宗宪
北京师范大学法学院暨刑事法律科学研究院教授、博士生导师

本书论述了不良商家利用认知策略给消费者设置的多种陷阱，提供了对抗这些陷阱的逻辑思辨武器；认真阅读它，可以帮助你更好地辨别消费中的套路，少交"认知税"，减少上当受骗。本书通俗易懂，内容丰富，包含了法律、心理学、营销等方面的知识和信息。

### 陈湘
仙味爷爷创始人兼CEO、图灵未来资本创始合伙人、美国潮商基金会名誉会长
入选2020福布斯中国30岁以下精英榜

在当今时代，想做一名理性的消费者实在不是一件容易的事儿，不管是铺天盖地的广告营销，还是看似客观公正的专业测评，都有可能成为欺骗我们的工具。每个人都需要为消费认知充电，做出更理性的消费决策。

### 王滨
河南大学教育学部心理学院教授、硕士研究生导师

近年来，人们越来越关注心理学理论如何解释和指导人们的日常行为。马克的这本书为我们提供了一个深入了解消费心理和指导消费行为的新视角，他深刻分析了不良商家如何通过在消费认知上做"手脚"来影响消费者的选择，揭示了现代消费环境中的潜在陷阱，用轻松诙谐的笔触带领我们反思自身的消费行为，重建健康理性的消费习惯。

本书从心理学角度切入，不仅有理论的阐述，更是实战的指南，书中详细讨论了自我觉察、自尊等多种心理因素对人们消费心理和行为的影响，而这些因素恰恰都是我们在面对复杂消费决策时常常忽略的。通过阅读本书，我们可以学到如何识别和抵制这些潜在的心理操纵，从而做出更明智的消费决策。

我推荐这本书给所有希望通过加深对心理学知识的理解来提升自己在消费中的决策质量的读者。

### 卫蓝
畅销书《反本能》《暗理性》作者

优秀的产品提供方案，糟糕的产品贩卖希望。有太多的不良商家利用我们的焦虑情绪和认知局限，让我们购买无效的方案。而这本书可以帮助我们厘清方案和希望两者，并看懂消费过程中的套路。

### 杨慧琴
北京大学博士、畅销书《这样学习才高效》作者、头部学习类IP"同学请坐"主理人
草帽未来联合创始人、APEA亚太青年领袖

每一次消费，你都在为自己的选择付费，但你真的需要这些选择吗？这本书以犀利而深刻的视角，揭示了那些诱使我们不断支付"认知税"的商业套路。这是一场关于自我觉醒的精彩旅程。

### 王殿伟
信任阶梯系列课程中国区首席增长官

本书系马克——一位思辨能力超群并分别在北大法学院和清华大学心理学系接受过系统跨学科教育的青年才俊，历时3年的呕心之作。他用生动的例子和深入浅出的分析，帮助我们深刻地理解身边那些看似诱人实则代价不菲的"营销套路"甚至是骗局在构建时所利用的心理机制。无论对象是年迈的父母，还是身边易冲动消费的好友，读完本书，都会令你我在提示他们防诈避损方面得心应手，证据鲜活。

### 孙宏
联想海外新兴市场技术支持中心原总监、IBM全球技术服务部原资深运营经理

习以为常的事情似乎随着年龄的增长而增加。因为习以为常，当这类事情出现在我们的生活里时，照着做就是了，根本不需要思考，我们也因此被认为是"正常的人"。相反，对习以为常的事情提出质疑的人，就有点"异类"了，至少被认为是"较真儿的人"。马克就对书中列出的很多习以为常的事较真儿了，较真儿到要写书、出书、广而告之。

因我与马克相识，近水楼台，早在样本阶段就读完了这本书。虽然每个人的经历不同，对一本书的体验也不同，但我相信读完此书，你收获的不仅仅是对一些事情真相的了解、认知被颠覆的惊讶，以及接下来如何捂紧自己的钱包，不被消费陷阱所迷惑的技能，更重要的是你会找回被"习以为常"挡在门外的"自己的思考"。从此，用"自己的思考"看世界，也许你的人生会因此而不同。

### 汪宁红
资深咨询顾问和企业教练、埃里克森国际学院认证教练、德鲁克学院管理课程授权讲师
畅销书《非现金激励》作者

读马克的文字是一种享受，在幽默而讽刺的笔触下，不良商家的套路被一一解构，其所构建的陷阱被层层剥落，在他的笔下，我们可以清醒地看到自己是怎样一步步落入圈套的。马克的语言很幽默，能让人边读边笑出声来。

他的解析过程不仅有清晰的思路、严谨的推理，更难得的是从多个视角对消费陷阱进行了剖析，不仅仅从消费者的角度，还从卖家的角度，以及从第三者的抽离视角，揭示了当逆向思维以恰当的方式运用时，可以如何帮助我们击溃精心设计的套路。

在当今社会背景的大框架下，了解并识别隐形的消费陷阱，对于保护消费者权益至关重要。作为在现实生活中常常遇到"惊喜"，被销售"高手"创造出需求，付出过高昂代价的普通消费者，我很想把这本书推荐给广大读者，希望每位读者都可以通过本书提升自己的认知防御能力。

# 引言

我想坦白地承认,我本身就是消费领域认知陷阱的受害者,我和我的家人经历了市面上常见的各种消费陷阱,如果玩集章兑奖游戏,估计能兑换不少奖品。

在我很小的时候,爷爷每天都会做两件事——饭前靠在"红外超声波理疗仪"上按摩腰部,饭后按时按点按量吃"蜂王浆"制品。奶奶时不时和我唠叨,光是每个月花在"蜂王浆"制品上的钱就是爷爷一个月的退休金,我也好奇地问过爷爷,这些东西真的有用吗?爷爷充满期待地告诉我:"每天坚持锻炼,再配合上这些保健品,我还能出趟远门,回老家一次。"爷爷确实坚持每天锻炼,70多岁还能拉开装满3根弹簧的臂力器,后来也确实回了老家一次,不过是坐在轮椅上,保健品的真实效果可想而知。

在那个消费领域认知陷阱野蛮生长的年代,爷爷的经历只是开始,姥姥这边也很"热闹"。姥姥一生勤俭而清醒,自己从没吃过保健品,但她去听过很多次关于糖尿病的讲座,只因为姥爷深受糖尿病的困扰,她听完讲座后每次回家也都"收获颇丰"。家里的生活用品逐渐被伪直销品牌占领,从洗洁精到净水器,毕竟是以前的同事在卖,要支持一下;摆件也变得"名贵"起来,毕竟原价10多万元,现在买来才1折不到。堂弟家直到最近才摆脱消费领域认知陷阱的困扰,因为他姥爷一生的积蓄终于被骗光了。

在过去的故事里,如果我将自己塑造为一个"众人皆醉我独醒"的角色,可能更为符合这本书的作者所需要的人设,但可惜这并不是真实的情况。幼时的我在家人上当受骗的过程中更多是扮演了推波助澜的角色，不管是与家人一起研究保健品实体宣传册，还是惊叹于"名贵"摆件的价格竟然如此优惠。不过幼时的经历为我研究和揭露消费领域的认知陷阱找到了一个重要的切入点——坚持收看电视购物节目。一类思路清晰、环环相扣、气氛热烈而且代入感极强的电视购物节目，从日化用品、四海美食，到名贵药材、保健药品，再到金银玉器、红木家具，几乎包含了各个领域的商品，逐渐成为收视率较高的电视节目之一，还为众多消费领域的认知陷阱提供了一个锚点，从选人、选品，到宣传逻辑和气氛的烘托，都有着教科书级的水准，很多消费领域的认知陷阱的构建都可以被视为是电视购物节目上单品宣传的碎剪拆分和延伸拓展。

同时，售前精彩，售后也热闹。服务于伪直销模式的推销员同样为本书提供了大量灵感和素材，因为家中有大量此类商品，在更换耗材和进行故障维修时，我有机会"一线"倾听众多推销员对伪直销模式经营和产品充满激情的描述，这为书中的多张流程图的细节完善做出了很大的贡献。

单有家人的受骗经历显然不足以让我拥有揭开消费领域认知陷阱面纱的能力，或许你以为接下来我要说自己因为家人受骗的经历，发奋图强专攻相关领域进行科学研究的经历，实则不然，生活总归朴实平淡，这样动人而逻辑顺畅的故事常见于名人传记或小说中。虽然没有吸引人的起承转合，但我确实有幸在成长经历中获得了应对消费领域认知陷阱所需要的武器。本科阶段我求学于北京大学法律专业，硕士阶段转到清华大学攻读心理学专业。法律方面的专业背景帮助我认识到商家是如何看待风险的，理解了消费领域的认知陷阱是如何"巧妙"地在规则红线以内运作的；学习心理学时，我曾参与过"心理扶贫"的课题，让我了解到人的认知才是最根本的问题，心理咨询方面的经历让我更清晰地了解了认知陷阱对于人性的考量和把控。毕业后我在互联网大厂做过运营，在广告公司写过方案，也在出版公司做过图书，这些经历让我对用户的选择和留存、平台侧的需求和流程搭建，以及如何在文字和概念上做文章有了更成体系的了解。过去的经历让我可以真实地站在普通人的视角来讲述各类认知陷阱，不过于严肃学究，但可以用来源于生活的视角剖析认知陷阱，进而理性地旁观生活。

在消费领域关于认知陷阱有一个常见的迷思，就是受过高等教育的人为什么会这么容易上当受骗，是真的无法识破这些陷阱，还是当认知陷阱化身为认知税时更具强劲的"杀伤力"？本书可以看作是一个普通人凭借自身知识、经验和方法论，通过独立思考，归纳和演绎出的认知陷阱架构和破解认知陷阱的方法。如果能借助严谨的科学范式，例如消费心理学和行为经济学等方向的研究，组建专业的团队，结论自然更有说服力，但一方面心理学实验和经济学建模与真实世界的环境有着比较大的区别，另一方面这类研究也很难跟上各类认知陷阱更新的节奏，甚至当大家看到这本书的时候，里面的案例可能已经过时了，例如保健品的宣传已经越来越规范，像"喝了某某明目茶，近视一个月减轻300度"这样的叙述已经难觅踪影；同时，时代背景也已经发生了巨大的变化，例如消费主义的浪潮已经逐渐退去。本书希望以心理学对人的认识作为分析认知陷阱的基础，带来更多的视角和逻辑架构，帮助大家形成自己的思考路径，跳出受骗案例复盘和"防骗秘诀"的窠臼，在现实生活中能够真正有效地面对与抵御日新月异的认知税产品骗局，买到自己真正需要的商品，做到清清楚楚购物，明明白白消费。

基于上述原因，本书不能保证大家学到了哪些知识就能避开99%的认知陷阱，有这样的"期望"其实也正是各类认知陷阱产生的重要原因。本书能带给大家的是在"道"与"术"的框架下对于消费领域内各类认知陷阱全链路的认识，认知陷阱整体模式构建时的出发点和运营的思路，也就是其所依靠的"道"，各类产品/闭环/家人文化等具体打法构建的方法，也就是其所使用的"术"，还有最重要的是，认知陷阱是如何理解"道"与"术"的关系的。在有了这样的认识以后,如何在消费时应对认知陷阱就不言自明了。当然本书第六章也具体介绍了一些可以帮助大家快速思考和劝阻亲友跳出认知陷阱的方法。

最后想说的是,本书从认知的概念开始,讲述了认知陷阱构建的思路,并从单独的认知陷阱出发,进而介绍了认知陷阱的整合模式——认知税。本书选取了从认知的角度来阐述不良商家构建的认知陷阱,但不意味着认知能力是人们在消费时受骗的唯一原因,或者不良商家在构建认知陷阱和圈套时只考虑了人们的认知能力,从信息差、人性的本质,或者情境的力量等方面来看待不良商家构建的认知陷阱也同样合理而且具有启示性,只是选取的角度和叙述的逻辑有所区别。当然还有可能不良商家根本没有进行复杂的思考,仅凭经验行事,而消费者也稀里糊涂就受骗了,只是人们做了过于抽象乃至失真的提炼而已。尽管对复杂事物进行单一归因常常显得更加具有说服力,但也可能会起到严重的误导作用,因而笔者希望在引言中预先说明本书所选取的角度,在第一章中对此会有更为详细的介绍。

# 目 录

| 第一章 | 为什么你会落入认知陷阱？ | 1 |
|---|---|---|
| | 关于认知能力 | 3 |
| | 针对的认知弱点 | 4 |
| | 从认知弱点到认知陷阱 | 9 |
| | 认知陷阱的整合模式——认知税 | 11 |
| | 关于本书的视角 | 12 |

| 第二章 | 一起来拆解基本认知陷阱 | 15 |
|---|---|---|
| | 针对具体产品 | 17 |
| | 针对产品构念——闭环 | 21 |
| | 针对品牌概念——家人文化 | 24 |
| | 针对形象维护 | 27 |

| 第三章 | 聊聊认知税的起源 | 43 |

不同人眼中不同的认知税 …………………………………45
认知税是如何产生的 ………………………………………48

| 第四章 | 正规商业模式下运营的精妙骗局 | 59 |

"以人为本"的理念 …………………………………………61
整体布局 ……………………………………………………77
正向策略——先验指导后验 ………………………………81
反向运营——以守为攻 ……………………………………88
整体模式下调整和优化的可能 ……………………………110

| 第五章 | 解铃还须系铃人——揭秘商家如何布局 | 119 |

保健品类 ……………………………………………………121
找工作类 ……………………………………………………135
包过班类 ……………………………………………………145
成功学类 ……………………………………………………160
母婴类 ………………………………………………………168

| 第六章 | 你想有效劝阻亲友购买认知税产品吗？ | 177 |

认知税产品的危害 …………………………………………179
常见的应对方式——辟谣 …………………………………185
可能更好的应对方式 ………………………………………188
实在没辙的应对方式 ………………………………………201

第一章

为什么你会落入认知陷阱？

1. 每个人都有认知上的弱点吗?

2. 自我觉察对消费决策有什么影响?

3. 认知陷阱是如何根据认知弱点打造出来的?

当今社会，消费领域的各类陷阱可以说是数不胜数，消费者不管是购买商品，还是享受服务，即使三思而后行，也难免会有上当受骗的时候。

在各类陷阱中，涉及违法犯罪的各类陷阱，比如诈骗和传销，虽然作案手法一直在更新，但总是存在一些硬伤，并且消费者在被骗以后，即使不能追回损失，也更容易获得法律和舆论的支持，而本书要讲述的是在规则红线以内的认知陷阱，更具隐蔽性和迷惑性，几乎没有定式可循，并且消费者在被骗以后，也很难找到对方（通常指不良商家）违背法律法规的地方。

认知陷阱主要是利用消费者对于现实世界和自身认知的弱点，打造出各式各样的骗局。

本章将主要基于认知能力的概念，介绍对从认知弱点到认知陷阱的思考。

# 关于认知能力

## 认知能力的基本概念

认知能力是指人脑加工、储存和提取信息的能力，是人所具备的"内在"能力的反映（彭聃龄，2004）。认知能力是智力的操作性定义，可以从以下两个角度来理解：一是在外界环境的影响下，快速而有效地学习相对复杂技能的能力，属于学习能力；二是避免因犯认知错误而产生巨大负面效应的能力（Gottfredson，1997），属于感知能力。

### 认知能力的概念界定

结合消费领域中消费者可能面临的实际情况，以及已有的各类认知陷阱，本书对认知能力的界定不仅包括了传统概念上的记忆、理解、逻辑和思维等基础能力，以及面向外界事物时自发地对信息进行提取、加工和储存并作出反应的能力，还包括对内的觉察能力，也就是对自身的认知能力。同时，当对内与对外的认知能力能够进行结合和对应时，还会涉及另一种能力，那就是独立思考的能力，比如思考外界所倡导的需求是否同样也是自身真正认可的和需要的。

## 针对的认知弱点

消费领域中的认知陷阱针对的是消费者在认知上存在的弱点，认知上存在的弱点主要体现为以下三个面向中不合理的、错误的和缺失的认知。

首先要声明的是，认知上存在弱点错不在消费者，毕竟每个人的认知都具有一定的局限性。如果要进行价值判断，主要还是无良商家利用了这些认知上的弱点，构建出了各式各样的认知陷阱。

### 对自身的觉察认知

消费者对自身的认知弱点是常常被人们忽略的，但同时也是消费者落入认知陷阱的根本原因，因为消费者首先要知道自己想要的是什么，然后才有可能找到合适的产品。在消费领域，消费者对自身的认知弱点是缺失了对自身需求的正确认知，具体来说就是无法觉察自身的真正需求，在这样的情况下，也就无法进一步审视自身的需求，更不用说调整或者接纳自身的需求了。

当消费者有对自身的清晰认知、能够觉察自身的需求，并在审视后接纳了自身的需求时，不管其需求是怎样的，社会主流观念对于产品的性质、功用和价格又是如何看待的，消费者为符合自身需求的产品买单很难说是上当受骗。比如在身患重病且治愈可能性微乎其微时，消费者能够觉察到并且接纳自身当下的需求就是抓住一线生机，因此只要对方声称有治愈的方法，无论该方法的作用机理科学与否、价格是否公允，消费者都愿意试试。当能够觉察和接纳自身的需求时，消费者因人而异的需求和选择也是值得尊重的，只是这样的情况并不多见。

而当消费者缺乏对自身的认知，无论是无法觉察自身的需求还是无法接纳自身的需求，都会产生同样的后果，那就是被外界定义自身的需求，并且在为产品或服务买单之后，就算仍然不能觉察到自身的需求，直观上也会感觉到该产品或服务不是自己想要的。比如，消费者本来打算报名培训班准备考试，也没有思考自己具体的需求，就是想报个"好"的，当了解到有"包过班"，介绍中声称培训老师又厉害，没有通过考试还全额退款时，就感觉自己稳赚不赔了，于是轻易报名付款，但实际上一进教室发现好几百人同时上课，老师讲得不行，考试也没有通过，最后想退款的时候，还因为一时脑热报班没看清楚合同条款而无法退款，此时觉得自己上当也于事无补了。从消费者对自身的认知进行解读，之所以会出现这样的情况，一方面是因为对报名参加培训班这件事，消费者没有觉察到自身的根本需求是尽快通过考试，而不是找到"性价比最高"的培训班；另一方面是因为消费者没有很好地接纳自身对于尽量降低风险的需求，如果能够认识到自身这方面的需求，可能会做出不一样的决策，比如可以先初步了解然后试听，再决定是报班还是购买资料自学。

### 对现实世界基本规律的认知

对现实世界基本规律认知上的弱点主要有三个方面：一是缺失人类认知现实世界的某些基本常识；也可能存在错误和不合理的认知，比如坚信地球是平的。二是对现阶段人类能力的局限性的认知缺失，比如不知道某些病症在现阶段的医疗水平下无法根治；也可能有错误和不合理的认知，比如坚信自己在现实世界拥有"人定胜天"的能力，能够超越科学和人体潜能的界限。三是缺乏对现阶段社会运行规则的认知，比如消费者自己可以在视频网站免费看剧，不知道网站是如何盈利的；也可能对社会运行规则存在错误和不合理的认知。

### 对事物进行理解的认知

对事物进行理解的认知涉及的是比认知现实世界基本规律更加复杂的问题，因为要结合对现实世界基本规律的认知，以及阅读理解、逻辑思考等能力，面向现实世界中出现的各种情况作出反应，需要的是一种动态的感知能力。

在消费领域，对事物进行理解的认知能力主要体现在消费者对自身有兴趣的产品进行认知和判断的能力。在这个过程中，消费者很可能会触及自身不那么熟悉的领域，并且不像认知现实世界基本规律一样有确定的答案或者通行的做法，因而更需要消费者有认知事物的科学方式。由于对事物的理解认知涉及的面向非常广泛，本书仅以常见的几种易被商家利用的消费者的认知弱点为例。

一是关于拟合问题的认知弱点。

消费领域中的多数产品都涉及拟合问题，因为多数产品是由多个部分组成的，或者有多方面的指标可以考量其效用，很多消费者其实无法很好地认知拟合问题。

从正面来说，对于拟合而成的产品所具有的功效，即使产品只是通过简单的拟合改变了本身的性质，很多消费者也可能没有思考就直接接受了。比如面向考试的培训班，在加入了不通过考试则给予退款、免费复训和优惠复训几种手段后，就拟合出了"包过班"的概念，直接化身成为因果律武器。另外，产品还能够通过简单的拟合，在生产者的包装与宣传下，变成与单个组成部分作用一致但功效大大超出单个组成部分功效的产品，产生1+1=1000的效果，比如菊花有明目提神的功效，决明子有清肝明目的功效，栀子有清热利湿的功效，生产者通常将三者组合成一种明目茶，并赋予它长期服用便能显著改善视力的功效，部分消费者对拟合问题认知的欠缺，导致其误判了产品的功效。

从反面来说，部分消费者也没有思考过由同样的部分拟合成为同样的产品时，拟合的方式和过程扮演了什么样的角色，也就是说消费者会认为由若干部分拟合而成的产品，如果单个部分指标相同，那么拟合出的产品所具有的功用和效果也会趋于一致，比如对于不同品牌公司采用同样规格的处理器、屏幕、摄像头、内存等零部件打造出的手机，部分消费者会认为用起来也是差不多的。进一步来说，如果单个组成部分发生了改变，比如使用了像素更高的摄像头，部分消费者就会认为拟合出的产品也会有相应的改变，也就是拍出来的照片效果会更好。

二是关于路径问题的认知弱点。

消费领域中的多数产品同样也会涉及路径问题，也就是对方通常会叙述产品之所以能够达到宣传效果或者功用的机理，认知这样的机理也同样具有一定的困难。

首先，机理是否存在就是一个问题，很多机理从根本上提供的是消费者说服自己的理由，而不是产品具有效果的原因，并且在表述上又以合乎情理的叙述逻辑代偿了其中的破绽，最终产品不可能达到商家所宣称的效果。比如保健品叙述根治糖尿病的机理，先将身体健康与五行相生相克联系起来，然后将治疗糖尿病的概念偷换为木克土，最后再用消费者不熟悉的藏医手法来解决木克土的问题，最终五行相生，生生不息，身体也恢复健康。整体逻辑非常通畅，但有正常认知能力的人不用深究细节就知道这是不可能的，因为它违背了现实世界的基本规律。

其次，这样的机理是否为障眼法也同样值得思考。这一类机理与上文叙述的不存在的机理看起来类似，讲述的都是现实世界不太可能发生的事，但从结果来看，又是不一样的，因为一个是编织美好但不存在的机理→不可能达到效果，另一个是宣称起效路径是A，但实际遵循了起效路径B，最终可以达到效果。比如某榨汁机商家宣称起效路径是自家的榨汁机采用了最新的冷榨技术，能够提供数吨重的压力，唯有采用这样的技术，配合自家的料理包，才能榨出浓郁柔和的果汁，但实际上的起效路径是只要轻轻挤压，料理包中的果汁同样能流出来，果汁确实可以达到新鲜又浓郁柔和的效果，当然达到什么程度就不能深究了，不过不管怎么说肯定不需要通过商家宣称的路径。很多时候消费就像一道数学题，仅仅关注结果是不够的，过程也很重要，因为很多时候消费者就是为能够达到相同效果的不同过程买单。

三是关于看待事物角度的认知弱点。

同样的事物以不同的角度看待，可能会有完全不同的结果。在消费领域，对于具体产品也是这样。以一辆车为例，技术老旧可以看待为稳定，配置低可以看待为可靠性高，动力差可以看待为省油，价格高可以看待为受市场认可，连在一起说的话，一辆技术老旧、配置低、动力差、卖得还贵的车也可以被认为是一辆被市场认可、稳定可靠还省油的车。再进一步，还可以结合欧美市场的情况、车型历史和文化情怀，以及车主心得等素材，结合看待的角度共同构成更为丰满的认识论，从选车的需求开始，打破消费者对自身需求和汽车的认知并对其进行重塑。关于看待事物角度的认知弱点虽然已经是老生常谈，但在实践中一直被商家重点关注，并常常与文字游戏、只展现部分真相的误导性表达，以及商家重构的误导性的认识论相结合，让消费者对具体产品进行认知时遇到了很大的困难。

## 从认知弱点到认知陷阱

从认知上存在的弱点过渡到构建认知陷阱的过程,存在着非常多的可能性,认知陷阱的构建和使用非常灵活,既可以针对消费者某一认知上的弱点单独构建认知陷阱,比如针对消费者对于自身的认知弱点,认知陷阱会直接介绍某一款产品的不同分类、特性异同和适应人群,但刻意忽略在什么情况下才可能需要使用该产品;也可以通过认知上多方面的弱点构建出逻辑闭环和文化,比如"家人"文化;还可以从认知上的弱点过渡到所对应的需求,结合具体产品及运营过程,形成认知陷阱的整合模式——认知税模式。

在从认知弱点过渡到认知陷阱的过程中,虽然消费者在认知上的弱点是不良商家构建认知陷阱的"基石",但消费者在某些方面具有较强的认知能力,对于不良商家构建认知陷阱也具有重要的意义,因为人的认知能力总是具有一定的局限性,在没有整合形成独立思考能力时,较强的认知也可能是消费者对产品进行正确认知的绊脚石,比如消费者对事物进行理解的逻辑认知较强,那就可以推销前沿科技领域/人的潜能这类研究还不太深入的领域的产品,一方面技术知识有一定的门槛,另一方面能达成的结果和达成的路径都有一定的不确定性,这时只要机理叙述的逻辑缜密顺畅,不违背现实世界的基本规律,消费者就可能出于对自身逻辑认知能力的自信而忽略产品最终宣称能达到的效果和自身的需求,最终买到拟合出超能力的产品,如潜能开发机,或者针对自身的伪需求产品,如现阶段冠以"人工智能"名号的某些产品。

同时,在从认知弱点过渡到认知陷阱的过程中,不仅可以看到很多迎合消费者认知弱点的方式,还可以发现很多根据消费者认知上的弱点改变消费者认知并进行认知重塑的方式。

就迎合消费者在认知方面存在的弱点举例，比如，鉴于部分消费者不知道现阶段医学能治愈什么病的现状，打造出保健产品，告诉消费者使用这个产品肯定能药到病除。

而打破和重塑消费者的原有认知的认知陷阱也占相当比例，原因主要有两方面：一是取信于消费者，因为通常商家所打破的原有认知确实是有问题的，不管是消费者对自身的认知还是对于商品的认知，商家告诉消费者原有认知上的误区可以被消费者视为帮助他拨开迷雾，认为有良心的商家才会这么做，消费者相信了商家，也就放松警惕了，后面往哪个方向重塑消费者对商品的认知也就很好展开了，比直接迎合消费者多了一些起承转合。二是对于认知存在弱点的消费者，例如处于低社会经济地位的目标人群，结合其具体特质会产生一些延伸结论，比如这种类型的消费者客观上经济水平不高，自尊心通常也较低，对自身能力与价值其实是持偏否定态度的，在他们自己都未必认为自己正确的情况下，借助权威、利用某种逻辑闭环等方式强势地否定他们已有的价值观，并根据需要对他们的价值观进行重塑，以此欺骗这部分消费者。在现实中可以对应某些沟通类课程的宣传手段，商家首先会告诉这部分消费者他们平时采用的沟通手段都是错的，原因通常说得有模有样，比如没有很好地倾听他人传达的信息，在消费者对自己原本的沟通手段形成否定的态度后，商家会趁热打铁，告诉消费者如果想要知道怎样做是对的就花钱来上这门课，不过实际上，商家吹嘘的课程大概率是夸大效果的，也就是宣称通过课程学习能学到可以解决任何问题、针对任何人的沟通技巧。

## 认知陷阱的整合模式——认知税

认知税模式是指商家从消费者认知上的弱点过渡到所对应的需求,再打造出专门针对消费者特定需求的产品,并选择相应的运营过程,进而整合成为独特的模式。

以典型的认知税产品——保健品为例,商家整合了偏中老年群体对于自身认知的问题,比如无法觉察到自身具有强烈的被关心和尊重的需求;对现实世界基本规律的认知弱点,比如不知道哪些病是现阶段医学无法治愈的,以及现阶段被骗以后应该如何维权;对事物进行理解的认知弱点,比如是否通过某一逻辑顺畅的机理就可以达到所宣称的效果。在整合的过程中,商家还巧妙地利用了各类认知弱点之间的相互转化关系,比如所针对的群体对现实世界的基本规律认知较差,因而可以在起效路径的叙述上迎合他们的理解方式,忽略违背现实世界规律的地方。整合成为认知税类保健品后,虽然已经是被人们所熟知的套路,但商家仍然能用没有实际功效的产品赢得中老年人的青睐,同时这类产品常常还定价高昂,并且在不良商家打一枪换一个地方等运营过程的把控下,中老年人想要维权也非常困难。

商家选择打造认知陷阱的整合模式主要有以下三个方面的原因:

一是其所针对的三类认知弱点常常互相影响和转化,比如消费者对现实世界的基本规律有错误的认知会影响到他们对自身的认知,再比如当消费者对自身需求没有清晰的认知时,其对于现实世界规律的认知和对事物进行理解的认知能力越强,在错误的道路上可能走得就越远,因而商家把这些认知弱点整合起来打组合拳常常可以达到1+1>2的效果。

二是整合而成的模式可以帮助商家达到"降本增效"的目标,由于商家针对的本来就是认知存有弱点的消费者,在消费者选择相信具体认知陷阱的基础上,商家再增加一些套路，部分消费者很可能也无法识破，比如在整合模式下产品的重要性会进一步弱化，同时消费者认知上存在的弱点也指向了维权能力的不足，因而商家在运营过程中也会做出相应的调整。

三是商家根据消费者的认知弱点对营销策略进行有机整合后，消费者的上当受骗就具备了一定的必然性，因为在较长的时间范畴内，只要商家切中了所针对的消费者众多认知弱点中的某一认知弱点，消费群体就会上当，这也是将认知税称为"税"的原因。

关于认知税的内容，将在第三章、第四章和第五章进行详细的介绍。

## 关于本书的视角

本书选取从第三视角来讲述消费领域的认知陷阱。采用第三视角主要是为了规避从认知陷阱的设计到消费者产生认知和思考的过程中发生的不可避免的信息漏损和扭曲。

在内容的传播过程中，接收方既可能没有接收到表达方所希望传达的所有内容，也可能接收到的内容并不是表达方想要表达的内容，当然上述两种情况也可能同时发生。也就是说，信息在传递的过程中会发生不可避免的漏损和扭曲。

就消费领域的认知陷阱而言，如果从消费者视角出发去思考认知陷阱的特征和漏洞、自身的弱点以及被骗的原因，包括对某些认知弱点进行辟谣，很可能是"缘木求鱼"或者"刻舟求剑"，会被层出不穷的认知陷阱牵着鼻子走，甚至被定点打击。

采用第三视角的好处是可以获得一手资料，而不是经过认知、理解和感受的二手资料，可以帮助我们更加清晰地看到认知陷阱的全貌。希望本书能够帮助广大消费者对各类认知陷阱有更加深刻的理解，进而可以更好地应对各类认知陷阱。

需要澄清的是，由于不同人对各类认知陷阱会有不同的看法，对认知陷阱的设计、模式和运营过程也可能会有不同的切入点和看法，并且商家在构建各类认知陷阱时也会结合已有资源和实际情况综合考虑，所以本文选取的视角是基于认识论的，也就是本书认识到的认知陷阱是什么样的，而非基于本体论的，也就是什么是一定真实存在的。本书提供的是一种理解认知陷阱的方式。

第二章

一起来拆解基本认知陷阱

1. 每个人都需要喝蛋白粉吗?
2. 为什么有人在互联网上找到了自己素未谋面的"亲人"?
3. 商家是如何用反问来欺骗消费者的?

消费领域中的认知陷阱常常是隐性的，因而消费者无法清晰地感知到，在不知不觉中就落入了圈套。本书将首先拆解消费领域中的认知陷阱，揭秘针对丰富多元的消费者群体的认知陷阱，让应用于具体产品、产品构念和品牌概念，以及用来维护商家形象的认知陷阱都露出真面目。

# 针对具体产品

### 关于跳步

跳步是消费领域中常见的隐性认知陷阱，针对的是消费者的综合认知能力，也就是独立思考能力。在消费过程中，消费者在做出购买决策之前，较为全面的思考过程分为A、B、C三个阶段，也就是A（针对的是什么需求/这样的需求有没有必要满足）→B（有必要的话可选择的解决方案都有哪些）→C（哪个方案最适合自身）。消费者如果能够认知到A→B→C的过程，自主选择放弃思考，通常不会落入认知陷阱，因为很可能消费就是图个开心，但如果消费者不能认知到这个过程，那么漏掉一环就很可能落入认知陷阱。

如果跳过A——针对的是什么需求/这样的需求有没有必要满足，那么很可能就会以伪需求为根本来选购产品，比如某干典型的伪需求——需要应对日常生活中无处不在且非常独特的辐射，这种辐射只会经由孕妇的腹部威胁到胎儿，而不会伤及成人，进而选购孕妇防辐射服。如果跳过B——有必要的话可选择的解决方案都有哪些，那么很可能以相对最劣的解决方案来解决常规需求，比如找一份合适的工作，既可以找人润饰简历，也可以学习面试技巧，但是有的消费者却花高价买"改命"

的摆件。如果跳过C——哪个方案最适合自身,那么很可能买到功能花哨但完全用不到的东西,比如就想买个微波炉早上热杯牛奶,结果花高价买了个"微电脑控制,煎炒烹炸样样都能干"的微波炉热牛奶。

如果跳过A和B,也就是消费者不分析自己的真正需求,也不考虑可以通过哪些方案满足自己的需求,直接预设自己对某类产品是有需要的,那么就很可能落入消费陷阱。比如商家不提到底什么样的人群才需要吃蛋白粉,是否通过食物或者其他方式也可以补充足够的蛋白质,而是直接探讨动物蛋白、植物蛋白、大豆浓缩蛋白、大豆分离蛋白的异同与适应人群,并请专家用科学研究做论证,如果消费者在消费过程中跳过了A和B阶段,那么此时消费者看到有"适合"自己的蛋白粉,买一罐尝尝好像也就是理所当然的事情了。

## 关于路径

### 起效方式混淆

以减肥为例:消费者由于做了动作A(只吃代餐,与"家人"们一起积极参加户外活动),以路径B(消耗大于摄入),取得了收效C(减重10斤),但是商家会告诉消费者做动作A其实是通过路径D(只吃健康营养有机的食物,和"家人"们一起沐浴在健康阳光的氛围中)取得的收效C。消费者很可能之前还尝试过动作E(自己控制饮食,去健身房运动),如果未曾取得收效C,那么商家就会告诉消费者,由于他没有通过路径D,因此减肥没有收到成效;如果曾取得过收效C,那么商家就会告诉消费者,不通过路径D的减肥收效是偶然的,就算达成了也是不科学的/不持久的,要不然商家怎样才能让消费者又来尝试动作A呢?

在这样的过程中，减肥的起效路径 B 就被混淆为了路径 D，主要是因为消费者不了解必须通过路径 B 才能减肥，所以会认为路径 D 具有神奇的魔力。

如果再往后推一步，假如消费者暂时不做动作 A，也不做其他动作，那么自然就无法维持减肥的效果，本质是因为没有通过路径 B，但商家会说这是验证了没有通过路径 D 就减不了肥的结论；假如消费者暂时将动作 A 替换为动作 E，那么过程中缺少了商家的监督和精神洗脑，消费者的主观能动性很可能会下降，仍然很难维持减肥的效果，这仍然是因为没有通过路径 B，商家仍然会说这是验证了没有通过路径 D 就减不了肥的结论。

在这样的情况下，消费者会越来越认同路径 D 是减肥最好的起效路径，因为不仅能达成收效 C，还确实具有可持续性，而具有可持续性又在很大程度上证明了其科学性。消费者心甘情愿并持续性地只吃高价代餐，并期待与"家人"们一起运动，原因如下：一是消费者确认了代餐就是健康营养有机的食物，二是不买代餐就无法与"家人"们一起运动，代餐不仅是减肥食物也是入场券，三是消费者确认了不继续吃代餐体重就会反弹。至于消费者能坚持多久，则要看他的经济实力了。

### 针对方向混淆

这样的认知陷阱主要是针对消费者对商品功效针对方向的认知。具体来说就是某产品真实存在某种很强的功效，但这种很强的功效并非消费者所理解的面向/并非产品设计时针对的面向，但由于强功效的面向暗合了消费者所理解的面向，因而商家将两种面向画了等号。

比如某公司产品 A（牙膏）和其他公司的竞品 B（牙膏）的功用都是 C（清洁牙齿），但在测试功用 D（清洗茶渍）时某公司产品 A 胜出，由于功用 D 暗合了功用 C，因此某公司就会宣称其产品 A（牙膏）具有更强的功用 C。但是功用 C 和功用 D 所针对的方向真的是一致的吗？如果消费者对这样的问题没有清晰的认知，就很可能会落入关于商品功效针对性的认知陷阱。

## 杂糅

杂糅类认知陷阱就是针对同样的效果，将保底成分（与效果通常有弱关联）和拔高成分（与效果有强关联）杂糅，进而形成"进可攻退可守"的产品。当消费者质疑产品效果时，商家就会将杂糅后的产品与仅具有保底成分的产品进行对比，消费者对比保底成分所对应的同类产品，杂糅后的产品因为具有拔高成分，更容易在同类产品中胜出。

以杂糅类减肥药为例，常见的产品有将咖啡+正规减肥药（如奥利思他）杂糅而成的减肥咖啡，或者将奶昔+正规减肥药杂糅而成的减肥奶昔。底层逻辑是将保底成分（咖啡或奶昔）+拔高成分（减肥药成分）进行杂糅，保底成分通常与减肥有弱关联，当然这样的弱关联并不是较弱的直接关联，而是被普遍认知的弱关联，很多消费者认为喝黑咖啡减肥，奶昔通常以代餐的形式出现，至于喝黑咖啡和吃代餐是否真的能减肥就不是那么重要了，并且商家也会给保底成分一个说法，比如所用的咖啡不是普通的咖啡，而是进口咖啡，奶昔也不是普通的奶昔，而是健康有机的奶昔，在这样的情况下，消费者可能会觉得买减肥咖啡就算最终减不了肥，好歹也是进口咖啡，品质有保障，不算亏。

杂糅后的减肥产品抓住的消费者痛点就是对单纯减肥产品的排斥，另外，对新奇形式的减肥产品的追求也投射了一部分消费者对常规减肥手段功效微弱的无奈，同时打动消费者的点还在于简易的服用方法和与日常生活饮食的有机结合，通过西式的生活方式/最新的科技/创新的呈现形式为原本普通的食物和饮品赋能，打破了减肥产品与日常饮食之间的壁垒。

不过就实际情况来说，因为杂糅后的产品可以不断切换视角吸引消费者的目光并应对消费者的质疑，在保底成分和拔高成分之间反复横跳，所以很可能不管是保底成分还是拔高成分都是非常糊弄的，并且使得一些本不打算使用减肥产品的消费者稀里糊涂就用上了，所以消费者更有可能被杂糅后的产品欺骗，既得不到想要的保底成分，也得不到想要的拔高成分。

## 针对产品构念——闭环

产品构念就是用来指导如何打造和宣传产品的思想，本书主要介绍的是一种常见的针对产品构念的认知陷阱——闭环。

市面上很多产品都运用闭环来打造和宣传，只是很多时候没有很明显地被消费者感知到，因为闭环是一条暗线，被消费者所感知到的东西是这样的：正面来看就是这个产品竟然这么牛，听着好像还挺有道理的，不像是骗人的；反面来看就是某个产品的实际使用感很差，心里也感觉有哪里不对，但消费者根本说不清楚是哪儿不对。

消费者所感知到的东西就是由闭环导致的，而此处闭环是指能够把一个离谱的产品说得天花乱坠，并且进可攻退可守，用来骗人的产品构念。

闭环之所以能够把一个离谱的产品说得天花乱坠，并且进可攻退可守，是因为在设计时商家就打算包装很离谱的产品，并且着重思考了受到质疑的情况以及化解质疑的方法，而通过化解质疑不仅能够很好地应对消费者，还能进一步掌握一定的话语权。当一个很离谱的产品的生产者掌握了一定的话语权时，其离谱的部分也就显得真实了。当一个产品有着看似离谱实则能应对质疑的功效，并且能很好地应对消费者时，就形成了进可攻退可守的闭环。

闭环本身由正面部分（对其离谱功效的介绍）、反面部分（化解和反驳可能出现的质疑），以及正反结合部分共同构成。

先说正面部分，首先选择两个离谱的产品作为例子进行说明，一是孕妇防辐射服，二是插在汽车点烟器上的节油器。对于孕妇防辐射服来说，正面部分可以分为逻辑部分，即A（有可能存在对胎儿有害的辐射）→B（所有孕妇都应该穿防辐射服），以及功能部分，即防护服的材质和机理理论上能够防止其所覆盖部分遭受辐射；对于节油器来说，既然大家都有节油这个需求，那么只要在点烟器上插上它，汽车行驶一百公里就能节省一升油，价格不贵，使用简单，还不用改变汽车原有的电路。

再说反面部分，对于孕妇防辐射服，逻辑部分：不穿防辐射服（非B），是不是就那么确定不存在对胎儿有害的辐射（非A）？由于A本身确实是个说不清的事儿，逻辑部分无法反驳。然后就是功能部分，首先孕妇防辐射服的真正破绽不是它不具有防辐射的功效，多数还是真具有防辐射功效的，其次按照主流观点，能不能防辐射也得专家说了算，所以功能性也无法反驳。

对于节油器来说，首先要刨除很多影响油耗的干扰因素，比如驾驶习惯、车况、温度、均速……要是装上节油器后汽车一直在堵车的地方行驶，没装之前一直在高速路上行驶，两者进行对比，节油器也没有化腐朽为神奇的功效，所以不做严谨的控制变量实验，商家的论调无法反驳。

其次，商家还会重申产品的机理并会举无数的正例，比如王大哥的纳智捷装上了节油器后，行驶百公里只要8升油了，李大姐的轩逸也从百公里6升油降到了5升……闭环不需要100%严谨，所以无数的正例就可以大致等同于证实了节油器的节油效果，因而出现售后问题时，商家就会理所当然地进行外归因，也就是将产品效果不佳归因于消费者的个人因素，消费者也很难对其进行有效反驳。

虽然消费者无法反驳商家，不代表商家就是对的，并且无法反驳也仅仅是因为商家使用了诡辩术，但舆论却很可能并不会较为明确地倾向于消费者，而是会选择"和稀泥"。只要产品本身合规，舆论也不明确倾向于消费者时，认知税产品就是"经得起质疑的"，闭环反面部分的作用也就达到了。

有了正反两部分，就能构成一个基本的闭环，但在加入正反相结合的部分后，会形成更有利于商家的闭环。商家在打造闭环时，并不满足于只加入有防御性的反面部分，这样不能满足商家更高的期望，因而商家还会将闭环的正反两面有机地结合起来，达到1+1>2的效果，让闭环更加丰满，也就是吹牛的时候颗粒度比较细，有细节填充显得更真实。

比如对于孕妇防辐射服，有了反面部分，这时候商家心中不慌，会把正面部分说得更离谱一点，会放心大胆地去找各种不管是由于什么样的辐射导致胎儿畸形的极端案例，并以三人成虎的方法把极端案例上升为普遍性问题，夸大辐射的危害。既然辐射对胎儿有这么大的危害已经被商家"证实"，接下来商家也就会进一步深化反面的程度，比如任何不买防辐射服的孕妇及家属都是既对自己不负责任，也对家人不负责任的人，不配为人父/人母。这样一来矛变尖了，盾也变厚了，商家就打造出了更有利于自身的闭环。

在加入正反相结合的部分后，商家可能仍然不满足于闭环的效果，这时就有可能主动卖个破绽，在排除一部分人群的同时吸引另一部分人群，与认知税模式的选人思路是相似的（详见第四章），也就是在卖破绽的时候，要是有消费者突然"识破了套路"，商家正好多加一层反向筛选，要是消费者仍然没想明白，那这部分消费者对商家的信任就会又加深一层。

以节油器为例，商家可能会用让步的方法故意卖个破绽，主动说出产品真正的缺陷，然后告诉消费者，就连这些更深入的问题都解决了，还有什么理由不买呢？大概话术是这样的："大家看到我们的产品可能也有个疑问，那就是节油的原理是不是以牺牲动力响应为代价（能做到这个程度就算烧高香了）？大家肯定也很担心装上节油器以后，就算能省点油，车也变'肉'了（车确实可能变'肉'，但同时还可能更费油），其实大家有这个疑惑非常正常（共情式陷阱），在这儿也特别解释一下，其实市面上很多节油器，比如我们公司的第一代节油器也是有这样的问题的（商家推荐的其实就是第一代产品），但是现在我们的第八代产品从欧洲请了专业的团队（路边修车铺找了个刚学会刷ECU的小工），整体上优化了发动机的动力（要么什么都没动，要么就是以极大的代价换来了微乎其微的改变），在动力更强的同时也更省油（破坏了动力的整体平衡），目前已经通过了几十万公里的长测（刚装上出去开了一圈，马上就要报故障码了），大家可以放心购买。"然后商家拿出打印的好评聊天记录详情图给大家看，故事到这儿，就可以告一段落了。

## 针对品牌概念——家人文化

家人文化是针对品牌概念常见的认知陷阱。首先要分析的问题是，为什么商家会需要品牌？原因无外乎是寻求一个具有延续性的、能覆盖多个领域的产品或同系列多个产品的模式，并依靠这个模式的背书，取得消费者的信任并寻求溢价的方式。在对为什么商家需要品牌有了初步的了解后，我们会发现，具有延续性并能覆盖各类产品的模式并不一定需要通过建立品牌来拓展，比如通过家人文化就能达到类似的效果。

作为品牌概念更接地气的版本，家人文化在运用上更加直接，而且根基可以自由控制，不需要固定为基于公司或品牌、具有延续性的产品（比如奔驰S级作为豪华D级车标杆的延续性历史地位），更加适应各类使用了认知陷阱的产品所依托的模式，包括认知税模式，既可以基于个人（各类"大师"/下级主播→某家军的一员/上级

主播 → 某家军的头领/创始人），也可以基于公司（伪直销类），还可以基于某种共同的追求（比如健康的身体）、共同的困扰（比如病友），或者某种虚构出的生活方式（比如只吃"纯天然"食物）、所谓的高端圈子（比如某些车企的车主圈子），这样一来在具有延续性并能覆盖各类产品的模式下，仍然具有很大的灵活性——下级主播倒了上级可以接着干，公司注销了创始人还在，一种产品做不下去了，换一种也符合"纯天然"的生活方式，同时在家人文化的加持下，旗下产品会更加贴近载体而非具体产品，也就是产品本身的重要性将被弱化为入场券、生活方式和消费者之间共同特点的载体、道德绑架的工具，更加契合认知陷阱。

这样打造出的家人文化其实就是一个更大的闭环，或者说是独特的"乌托邦"，在"乌托邦"之内，打造家人文化的商家旨在提供更具迷惑性、更具用户黏性，同时性价比也更低的解决方案，而消费者可以真实感受到的、来自"家人"的温暖是这一切的根基。

家人文化的原理到底是什么呢？说起来其实非常简单，就是不管通过什么方式，让消费者认可商家是自己的"家人"，其他购买此类产品的消费者也是自己的"家人"，或者再退一步也勉强行得通，那就是商家确实是把自己当作消费者的"家人"了，与其他购买此类产品的消费者相处有一种独特的归属感。

那么为什么消费者能够把商家看作家人呢？除了人情社会的加持以外，主要还是因为家人文化所面向的消费者，其自身的处境使他们不仅通常有一些容易被利用的显性需求，不管是健康问题、自我提升问题，还是想买性价比更高的产品，同时还有很多隐性的心理需求：拨开生活迷雾的需求，比如需要有人告诉他们为什么自己混得不够好，在哪些方面可以做得更好；共情的需求，比如发现原来还有很多和自己相似的人（有相似问题的人），大家可以互相交流；被看到和认可的需求，比如"美丽"的女主播说的一句"谢谢哥哥送的大火箭"；被关心和爱护的需求，比如来自卖保健品的小姑娘、小伙子的嘘寒问暖。对家人文化感兴趣的群体的这些需求明显要比对家人文化不感兴趣的群体强烈很多。

对于显性需求来说，产品很多是以实体形式存在的，再不济也是课程或服务这样的形式；而对于隐性需求来说，需求是来自心理的，所以比较"实体"的产品就是包装成课程和服务的形成闭环的方法论，更虚一些的形式包括不定期的聚会、活动，在一起遵循某种生活方式的假象，有一个长得很漂亮还很关注自己的"好妹妹"，有一个说话特别有道理、能娓娓道来的"好大哥"，"这个大姐特别实在/这个大哥特别讲义气，真的是把好产品带给家人们"，等等。

在实践中，消费者未必是主动去"寻亲"的，更多的情况是他们基于自身更加强烈的隐性心理需求敢于去"认亲"，也就是说商家打出一套形成闭环的方法论，然后把消费者套进去。比如商家先用闭环来证明自己推出的产品非常好，通过商家购买就很便宜，或者产品卖得比竞品贵一个级别但经常举办活动，然后正向说自己真的是把消费者当家人才这么做的，反向则让消费者反问身边的亲朋好友，其他竞品能做到这个程度的有多少？商家说的和做的乍一想好像也没问题，消费者自己又获得了日常生活中非常稀缺的共情、被认可、被看到、被关心和爱护的感受，所以一感动就"认了亲"。

只要消费者"认了亲"，后面就很可能落入商家的圈套，不管是形成在对方这儿买东西的路径依赖，还是参加活动顺理成章再买点，或是想和"家人"们在一起所以买东西保持自身的入场资格，为了支持"家人"买东西且东西对自己有没有用不重要，只要是"家人"推荐的直接盲目信任地购买等等，只要由对"家人"的信任中转到掏钱这一流程运转起来了，后面就会类似于洗脑的过程了，一方面消费者花了真金白银，所以会自动说服自己做的决策是明智的，确实是因为"家人"才买到了便宜的好东西；另一方面消费者在与其他同类消费者相处和沟通交流的过程中，会抱团取暖，互相印证大家真的是"家人"、这种虚构出的生活方式真的高端小众而且对自身有益，并感谢商家提供的平台，这样的过程会形成非常强的"茧房效应"，即消费者听到的都是自己做得对、商家真厉害的声音，至于别的声音，则基本听不到，当然听到了自己也不愿意相信。

"家人文化"面临的主要风险来自舆论，如果官媒曝出商家、创始人、主播有什么问题，本来就基于人设的"家人文化"就会很难再取得消费者的信任。

## 针对形象维护

这类认知陷阱主要针对的不是消费者决定是否购买的过程，因为使用了类思辨的手法。在消费领域，思辨能起到的作用很小，商家在与消费者的辩论中取胜还更可能起到反效果，毕竟消费者可以自主决定是否购买，不是对方说得自己无法反驳就要买，或辩论输了就要买。

商家打造这类认知陷阱的真正用意是维护自身的良好形象，具体来说，是通过打造自身所涉及的具体产品和所归属的类别产品，以及商家的良好形象来影响舆论的导向，以舆论导向为中转，再试图影响消费者决定是否购买的过程。舆论导向之所以能起到这么重要的作用，主要是因为在商家构建不触犯法律的认知陷阱时，舆论导向是最可能为商家带来风险，也最可能帮助商家的外界因素。

### 关于定义特征与定点打击

定义特征就是商家主动为有可能戳穿自己真面目的概念去定义特征，并以其定义的特征为根据，再去欺骗消费者。

以伪直销模式为例，伪直销模式会为传销模式定义特征，比如定义传销=A+B+

C，也就是传销必须具备三个特征，A是金字塔层级，B是人头费，C是入会费。为什么伪直销模式要去定义传销模式呢？因为根据正常的推理方式，非A+非B+非C=不是传销。而伪直销模式在表面上看，还就真没有A金字塔层级、B人头费、C入会费，所以按照这样的逻辑，伪直销模式就必然不是传销。

那么问题出在哪儿呢？其实这个方法就是用错误的前提通过正确的推理方式，得到了错误的推论。

为什么说前提是错误的呢？因为传销其实是一种方法论和思路，不管是出于帮助大众认识到传销本质这样善意的目的，还是像伪直销模式这样出于别的目的，对其进行定义、特征的总结归纳都是没有意义的。就认知陷阱而言，只能谈谈它的思路和逻辑是怎么样的，比如有正规产品的、单层次的、不挣人头费的、不交入会费的公司，都可能会按照传销的思路经营，真正的共性在于虚的思路而非实的特征。但遗憾的是，公众更愿意相信，传销相关的模式不管包装成什么样，都会有不变的明显特征，所以伪直销模式才会主动去总结这些特征，这样做就是为了给公众立一个靶子，告诉大家，你们觉得不好的东西都在这儿，伪直销模式没有以上这些特征，就不能说它是传销。

伪直销模式在定义特征时，其实同时还界定了概念，也就是说，伪直销模式默认了所有人对传销的理解都是非常狭义的。为什么伪直销模式好像有其所界定概念的最终解释权呢？因为在《刑法》中有明确规定组织领导传销罪的相关要件，而伪直销模式几乎不会触犯这样的法条。

当消费者被商家具体界定的特征迷惑时，就有可能被别有用心的商家"定点打击"，也就是说，商家在知道消费者了解某种被诟病的模式的某些特征的情况下，特意避开了这些特征，但同样达到了该种被诟病的模式可以达到的效果。当消费者仅从特征去判断模式时，就有可能认为商家所构建的新模式与某种被诟病的模式并不一样，对应到伪直销模式来说，商家利用定义特征的方法，就可以向消费者证明自身可以通过非传销的方式，达到传销模式才能给予的物质回报，因而这样的幻象对很多消费者是具有相当吸引力的。

这里还要澄清一下，为什么本书认为加入伪直销模式的人是消费者而不是合作伙伴或者加盟商，主要是因为在类似于传销的模式中，除了广义上的上家和公司中不从事销售的员工，其他人并没有成为伪直销模式的"合作伙伴"或者下家，因为本质上，类传销模式并没有打算给予他们劳动或者业绩所对应的经济回报，甚至没有打算给予任何经济回报，只是把他们当作为自身错误认知买单的消费者，进而收割他们的本金和劳动成果。

只有消费者参透传销的思路和逻辑，才能避免陷入定义特征和定点打击的认知陷阱，但这样的思考会遇到很大的现实的阻力，因为当消费者通过自身的思考，发现伪直销模式与传销无异时，伪直销模式会指责消费者是想证明伪直销模式是非法的，应该受到法律的制裁，但能够参透伪直销模式的消费者也知道，伪直销模式是否应该受到法律的制裁应由公权力机关进行判断，消费者只是发现伪直销运用了传销的思路，也达到了传销的结果，这是一个具有独立思考能力的个体能够进行判断的事情，也本就是可以正常表达的观点。

## 关于哲学思辨

### 挡箭牌类

这类认知陷阱主要是以哲学思辨为挡箭牌，使用"不用就没有发言权""不做就没有发言权""存在就是合理"等话术，当消费者有理有据地提出具体的问题时，一旦商家可能落入下风，它一般会用哲学思辨类挡箭牌，在这样的情况下，最终舆论走向有可能更倾向于商家。

比如最简单的版本，当消费者根据自己的理性分析对产品A发表负面言论时，商家就可以说消费者没用过产品A，所以"没用过就没有发言权"，因而不能发表负面言论，而商家用过产品A才能进行评价，但商家就是卖产品A的，所以只会发表正面评价，这属于典型的强盗逻辑，以"没用过就没有发言权"为挡箭牌挡掉了所有指向产品的负面言论，其实所有躲在挡箭牌后面的动作都是经不起推敲的，因为没有必须击碎挡箭牌才有资格探讨具体事情的道理，对于其他参考类似舆论的消费者来说，最好的选择就是不听、不信、不买、不做。

### 出发点类

简单来说，出发点类认知陷阱的思维模式如下所示：

> 出发点是作恶，结果也是作恶=作恶
> 出发点是善意的，但最后的结果是作恶/副产品是作恶=总不能说这也是作恶吧？

从出发点进行"洗白"是常见的认知陷阱，在人际交往领域常表现为道德绑架，也就是"我可都是为你好，你竟然……"，而在消费领域则可能表现为商家使用愿景来"洗白"实际情况。以伪直销模式为例，实际情况很可能是形成了金字塔层级的结构，但是对于为什么形成了这样的结构，商家会告诉消费者，并不是因为它把公司的组织架构、层级、运营模式设计成了这样，就是说它不打算让上一级靠吸下一级的血来牟取暴利，反而是出于一个非常高尚的动机，也就是以优质的产品为基础，创立一种全新的经营模式，在这个模式下，消费者可以通过分享产品来获得额外的收入，并且团队和谐互助，晋升通道开放，主要是为社会各界人士提供发展自己事业的机会。具体来说，就是上一级拉下一级进来无法直接获利，下一级也不交人头费，上一级也不直接从下一级抽成；还可能存在某种情况，上一级和下一级销量一致，下一级拿得不比上一级少。

同时正因为公司包装的理念是不需要一直成功，为了表彰和慰劳上一级又销售，又发展新人，还指导新人，给公司带来卓越的贡献，公司从来都是言出必行，每个月肯定给予达到某种条件的上一级丰厚的物质激励；下一级因为认同公司的理念，所以愿意不拿底薪就拿低提成从头开始，是为了以后有更好的发展，当然确实由于各种原因有些下一级没有坚持下去。总之实际情况确实是上一级赚钱更多，而初入公司的人很少获得与劳动相对应的物质回报，并且很辛苦，还有可能有相当大的损失，甚至离开后对公司有一些负面的评价，公司也一直在招人。但公司会辩称消费者不能以果推因，看到这样的情况就说公司是金字塔结构，因为公司的出发点真的是好的，只是很多初入公司的人要学习进步的地方有很多，或者有时候有的新人只看重眼前的利益，或者对公司模式的认识和了解还不够，只要坚持下去，就一定能成功。

俗话说得好，"君子论迹不论心"，出发点的好与不好在人际交往领域很可能都不是最重要的，更不用提消费领域了，消费者在消费领域如果更加关注的是产品和企业的出发点或者动机，只能说是把自身的善意用在了错的对象身上。

## 关于因果

因果关系具体是什么，应该怎么解释，又应该如何证明，是很复杂而又有争议的问题，很多消费者对于因果问题没有很清晰的认知，很多商家利用消费者这样的认知弱点，在因果关系上做足了文章。

### 混淆先后与因果

理论上说，先后关系是因果关系的必要不充分条件，但是实际上很多商家会直接把先后关系等同于因果关系，比如先是消费者吃了商家的保健品，后是消费者的疾病有所缓解，所以商家会以此为例告诉其他消费者，吃了它所售卖的保健品，病就肯定能好，就算消费者也同时去医院看了病，并开始做一些力所能及的运动，摄入健康的食物，商家也必定会宣称这些事情对疾病的缓解是没有任何效果的。

混淆先后关系与因果关系的论调虽然一听就有问题，但在反驳或者说证伪时却很麻烦，因为很可能要涉及严谨的控制变量实验，也就是商家会要求消费者按照"谁主张，谁举证"的原则，提供严谨而科学的论据，而且商家会说自己已经履行了自身的举证责任，也就是提供了无数的正例，张大哥吃了保健品病好了，王大姐吃了也好了等等，这些正例在感情上给消费者"吃了保健品病就能好"这样的因果关系成立的假象，但并不能证明其所主张的效果。即便如此，消费者也很难举证证明自己的主张。

所以混淆先后与因果类的认知陷阱为消费者反驳和应对这样的论调设立了两重关卡。第一重是消费者要首先证明商家的举证并不能将先后关系等同于因果关系。即使消费者真能冲破第一重关卡，商家也可能会说别管什么原因，反正有消费者吃了它卖的保健品病就好了，所以消费者很可能还要应对第二重关卡，也就是消费者要证明吃保健品这样的因，与病痛缓解这样的果没有直接联系。

虽然消费者有时候并不需要直接对混淆先后与因果的论调进行反驳，比如当商家对保健品的宣传已经违反了客观规律时，后续再说什么也就没有意义了，但是在需要反驳这些论调时，消费者的举证费时费力，几乎没有人有时间和精力做这些，所以商家会以自身的产品和机理是"经得起质疑和反驳的"为基准点进行反推，得到自身的产品就是好的结果，进而取得舆论上的优势，再以舆论上的优势去欺骗那些不能识破这类陷阱的消费者。

## 以果推因

以果推因是因果类认知陷阱的传统手法，采用的方法就是以某一个真实并且确定的结果为基准点来反推原因，由于真实的原因总是复杂而且并不完全为人所知的，因此商家可以很轻松地用结果反推出符合自身利益的原因，并且在应对消费者的质疑时立于不败之地。

仍以认知税保健品为例，真实并且确定的结果就是消费者的疾病有所缓解，商家所反推的原因就是消费者吃了其所售卖的保健品，并且会强调这是唯一的原因，消费者所做的其他努力都不能成为其疾病缓解的原因。

以果推因的论调与混淆先后与因果的论调都是消费者难以反驳的，原因也是类似的，如上文所述，商家仍会提供无数正例，比如张大姐尝试了去医院治疗疾病，但是病情并没有好转，是吃了保健品后病才有所好转的，而王大哥则是尝试了通过健康合理的饮食来缓解疾病，但是病不但没有好还营养不良了，最后也是吃了保健品后病才有所缓解。消费者在反驳时也仍然需要攻克两道关卡：一是在否定了商家反推出的因后，要能说明真正的原因；二是吃保健品这样的因，与疾病缓解这样的果并没有直接联系。

由于这样的反驳过于困难且费时费力，几乎没有人去做，所以商家会以自身的产品和机理是"经得起质疑和反驳的"为基准点进行反推，得到自身的产品就是好的舆论优势，进而欺骗不能识破这类陷阱的消费者。

### 因果重构

商家在因果上所做的文章不仅包括先后与因果的混淆，以及以果推因，还可能会整体打散因果，重构出符合自身利益的因和果，这样一来，消费者不仅难以反驳，甚至还很难找到反驳的切入点。

以伪直销模式打造自身的品牌形象为例，如图2-1所示，商家在结合了混淆先后与因果和以果推因两种认知陷阱以后，还重构了因果。

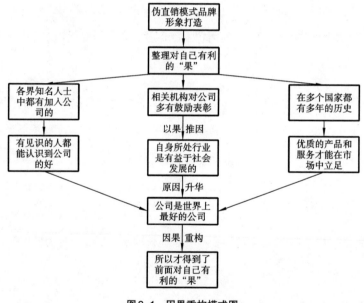

图2-1　因果重构模式图

对于品牌形象来说，即使是有良心的正规大企业，通常也只能做到塑造品牌形象，大概就是承诺企业以安全和质量为先，履行社会责任，努力为消费者提供更好的产品与服务。抽象来说，就是会通过自身的行动来总结一些"因"，至于"果"则通常会按照正常的路径让消费者自己得出。

但是通过因果重构，伪直销模式直接确定了自身企业形象的"因"和"果"：

"因"就是公司一直提供优质的产品,并且得到了相关机构的鼓励扶持,同时有见识的人都认可公司的产品,"果"就是公司是世界上最好的公司,而且这一点是所有人一致认同的。

确定"因"和"果"的可怕之处不在于其中有一些内容并不真实,其实在伪直销模式所叙述的"因"和"果"中,真实的内容比例不小,比如在多个国家有多年的历史、获得相关机构的表彰等,可怕之处在于伪直销模式在确定了"因"和"果"之后,通过因果重构的过程和反问,将这样的"因"和"果"变为不容反驳的"真理"。

在消费者试图进行反驳时,伪直销公司会不断切换视角和因果来应对质疑。当消费者质疑"因",比如认为伪直销公司的产品并不优质,自己用后产生了不良反应,伪直销公司就会说是消费者使用不当,用"果"来应对,比如搬出相关机构来背书,反问消费者相关机构都表扬了的东西能不好?当消费者质疑"果",比如认为伪直销公司的产品和模式都存疑,离"最好的公司"还有一定的距离,伪直销公司又会用"因"来应对,比如说消费者没有见识,所以不能明白公司的好,如果再往后退一步,消费者有理有据地说出自己认为伪直销公司的产品和模式都存疑的原因时,伪直销公司就会质疑消费者的资格,比如:"你懂还是专家懂?""某某都觉得我们公司好,你是比他还厉害吗?"

当因果被重构时,消费者本就很难找到切入点去反驳商家的论调,再加上论证混淆先后与因果和论证以果推因的难度,消费者就更加难以反驳商家的论调了,因而伪直销模式虽然一直被大量消费者质疑,但伪直销模式的实质仍具备较强的含混性和隐蔽性,不断让无法识破因果类认知陷阱的消费者落入圈套。

## 关于反问

反问作为常见的认知陷阱，威力可能比消费者想象中的还要大。从机理来讲，反问可以增强反问人的自信，进而增强观点的说服力，同时还能够传递反问人强烈的情绪，当消费者还没有明确的立场时，这样的情绪可以起到一定的说服作用。从实际运用来说，反问不仅可以作为话术，还可以作为反证逻辑的基础，作为更具迷惑性的认知陷阱呈现给消费者。

### 话术类

话术类反问基本都会问一个只要回答就容易上套的问题，比如，"你不想挣钱吗？"消费者通常不会回答不想，只要消费者说想，那问题就好办了，商家这儿正好就有个办法能让消费者挣钱，就算消费者跳出想与不想的范畴，说自己和家人活得很好，商家也会说其实这不叫好，真正的好是什么样子，这样后续又免不了一番拉扯，在拉扯的过程中商家就有了可乘之机，所以消费者只要回答了问题，那就离进套不远了。

对于话术类反问，消费者应该关注的问题并不是更机智的答案是什么，而是自己为什么非要回答对方的问题，所以面对此类手段，消费者最好的办法就是直接离开，不做纠缠，否则话语权几乎被对方抓在手中，这时对方再运用各种套路就会显得顺理成章，并且更加隐蔽，很可能进而造成消费者的各种损失。

### 反问与反证

反问不仅能作为话术，还能够作为反证逻辑的基础，建立更加系统化的认知陷阱。反证逻辑主要应用在退行的正规向模式上，这样的模式具有较强的欺骗性，指导思想就是用反向的思路去打造正规向的模式。商家希望打造出的结果就是产品长得像只鸭子，叫着也像只鸭子，走着也像只鸭子，实际上要定性的话也还真的属于鸭子的范畴，不过细究的话，就没法把它当作普通的鸭子了，因为很可能它长了六只翅膀。本书将以伪直销模式中的产品模式（简称产品模式）为例讲述退行的正规向模式。首先要做一下简单的铺垫，伪直销模式一直是"两条腿走路"的，也就是说产品模式和经营模式相对独立，但又有一定的联系，其经营模式就是异化版的传销模式，在此不展开讨论，而产品模式就是退行的正规向模式，两者的联系在于，伪直销模式的经营模式需要以相对较好的产品为基础，因而产品的质量超过了传销的载体和认知税产品所能达到的水平，综合成本的考虑，使用了退行的正规向模式来打造产品模式，并达到了相应的水平，配合经营模式一起，打造出了伪直销模式的核心——信仰。

如图2-2所示，产品模式所采用的反证模式是通过积累论据，然后进行反问的方式达成公司的产品"经得起所有质疑"的结果，进而升华，证明公司的产品是最好的。

反问在产品模式中起到了非常重要的作用，它主要把控了以下三个方面：一是反问精准地把控了产品质量应该达到什么程度，所准备的论据不满足反问肯定不行，因为在这样的情况下，就算通过套路也很难维护自身的形象，而论据超出反问的要求则会带来更高的成本，准备的论据又没有必要达到这样的程度。二是反问不是乱问，而是有中心思想的，即公司的产品经得起一切质疑，公司的产品是最好的。三是以反问构建出的反证逻辑看起来像是为了吵架预备的，但实际上反证逻辑的目的本不在于击溃所有对公司提出反对意见的消费者，而在于舆论上的造势，因而实际操作时更可能是自问自答。

如图2-2所示，产品模式所准备的论据有上、中、下三个层次，以这些论据为

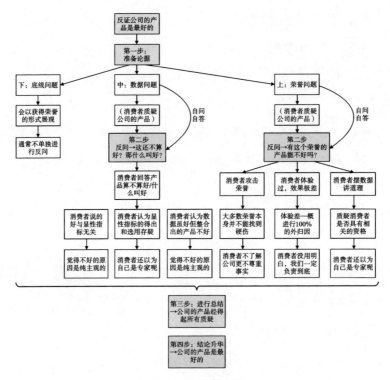

图2-2　反证模式图

基础，通过反问就能反向构建出"经得起所有质疑"的产品了。

下层次就是关于底线问题的论据，指导思想是"一个不做"和"一个要做"。"一个不做"代表不做单独看就是认知税的东西，不管是包治百病的药，还是戴在脖子上就能让方圆几米没有病毒的小卡片，因为无法满足伪直销经营模式提出的要求。"一个要做"代表要把稳定和安全看成是重中之重，能不能达到80分的水平不重要，但不能低于60分，不求有功，但求无过，就算有其他公司在这方面打擦边球，产品模式都不会这样做，因为稳定和安全通常被看作正规向模式的基础，而能不能做到80分或者更高的水平却不是，如果公司的产品没有达到稳定和安全的要求，并被人诟病，就很难把自己往正规向模式靠了。

底线问题一般不会单独拿出来反问，而是会以所获荣誉的形式进行反问，因为将能够满足底线问题表现为获得荣誉，消费者更容易理解和接受，并且更难反驳。

中层次是关于数据的论据，产品的好坏虽然有很大的主观因素，但也一定包含着客观因素。比如很多同类别的实体产品都是在横向对比，价格较低的阶段有着可用显性指标衡量的硬伤，而到了一定价位以后，产品在显性指标上就都在一个水平上了，拼的就是对细节问题的打磨和产品附带的文化、审美、偏好、品牌等价值。价格较低的产品只能说和某些消费群体具有一定的适配性，但很难称得上"好"，而对于价格更高、显性指标上处于同一水平的产品，确实在绝大部分情况下比低价位、在显性指标上都有硬伤的产品要好，但再次进行横向对比，我们会发现其实这些显性指标处于同一水平的产品之间仍然可能有着非常大的差距，原因可能主要有以下两方面：一方面是在很多情况下，某些产品大众所熟知的显性指标所指向的结果是不差的，而一些更细微、专业的隐性指标才能指向好的结果；另一方面就是在这个阶段，产品以外的文化、审美、偏好等因素更多地左右了人们的判断。

对应到产品模式，伪直销模式选择的就是只做好显性指标，因为只把显性指标做好，不考虑效果好不好、整体适配好不好，保障安全就行，这么做其实要不了多少成本，对应到数码/汽车这些偏硬核的领域都是如此，其他领域就更是如此了。显性指标其实就是键盘值，也就是方便拿出来说+拿出来说了消费者就能懂的东西。什么叫做好显性指标呢？就是能把键盘值拉满到能让公司反问消费者："这还不叫好吗？"至于是不是真的好，在键盘值拉满的情况下反问就能派上用场了，而且产品模式的主要意义就在于辅助经营模式，所以产品是不是真的好商家并不考虑。

如何做好显性指标可以参照本书在第五章中保健品类认知税中提到的五仁月饼的例子。按照正向商业逻辑设计的良心产品像是整块五仁月饼，不管是用料还是工艺都没得说，味道至少在中等偏上；质量次一些的产品，厂家会强调他们采用上等的核桃仁、杏仁、花生仁、瓜子仁和芝麻仁来制作五仁月饼，这些信息的确都是真的，但问题就在于他们并不是很清楚这些原料的比例和制作月饼的方法，而且除了看得见的这些原料，剩下的用料就是次等的了，这就是消费者不清楚的东西了，也是厂家的产品为什么参数亮眼但可能并不好吃的原因。

做好显性指标对应到产品模式，就是真的用质量上佳的核桃仁、杏仁、花生仁、瓜子仁和芝麻仁做五仁月饼，符合国家食品标准，看起来像个月饼，实际上吃了也不拉肚子，这样就满足产品模式的要求了。

上层次是关于荣誉和奖项的论据，为什么荣誉和奖项必须得有，可以从形式和逻辑两个方面来看。形式上，荣誉和奖项是一个消费者很难攻击的盾牌，可以参见本章关于哲学思辨类认知陷阱的叙述，有了荣誉，产品就可以躲在后面，如果消费者无法攻破盾牌，产品就可以被认为是有质量保障的，而通过反问，产品模式就可以把盾牌竖起来，也就是反问消费者，有这些荣誉和奖项的产品能不好吗？这时候只要消费者顺着回答了，不管回答得多么机智，都会落入产品模式的圈套，因为消费者很难击破盾牌，而既然盾牌没倒，自然说明产品就有荣誉和奖项上说的那么好了。当产品模式通过反问论证了产品有荣誉和奖项中说的那么好时，消费者本来可能对这些产品没什么概念、认为可买可不买，或感觉好像不太对、带有一些负面看法，但按照这样的路线一琢磨，就会从心理上潜移默化地开始认可这家公司的产品。

从逻辑上来说，数据上的显性指标拉满应该会有一个结果或者升华，否则就只是一个数据或数据的堆砌而已，这样的结果或升华可以是客观的，比如数据是一辆车加速很快，悬架也用上了高级的结构，那么结果就可以是这辆车的赛道成绩在同级车型中名列前茅；也可以是主观的，比如这个手机的处理器、屏幕、内存在数据上都处于第一梯队，那么升华可以是用户都觉得手机用起来非常顺滑；还可以是主客观结合的，比如荣誉和奖项，不管是通过多个主客观指标分配权重进行拟合还是纯主观评选，荣誉和奖项本身就代表着一定程度的客观，至少从大众接受度的层面来说是这样的。

对应到产品模式，纯客观的结果和升华是不现实的，因为所处领域本不该有这样的结果，比如告诉消费者，公司生产的保健类产品一吃就能收到明显的效果，这样的话术通常是不够专业的销售人员采用的，公司是不会这样宣传的。纯主观的结果又欠点说服力，当然单纯的主观和客观升华并不是完全不能用，只是弱化到了话术的层面。公司的最优解是产品既有主客观结合的荣誉和奖项，又有"公正的第三方"从主观的角度认可公司的产品。

公司对于荣誉和奖项的选取和看待方式也是有特色的，被熟知的报名费很贵的、报若干个就能中一个、只有不知名的企业报的不知名的比赛，公司基本不参与，因为这些荣誉也就比没有稍微强一点，所以公司一方面会争取相关机构一定面向的认可，比如给自家产品质量和安全上的保障，争取"质量诚信标杆企业""质量检验稳定合格产品"这类荣誉称号，同时也暗合了自己对底线问题的保障，另一方面开创性地制造一些荣誉，主要采取的是混淆商业行为和荣誉的做法，比如宣称自己在知名电视台打过广告、是某些体育赛事的赞助商等，但实际上这些都不算荣誉，充其量不过是商业行为，将二者等同确实很荒谬。

上、中、下三个层次都有了充足的论据，产品模式就有了应对所有质疑的基础了，这时候产品模式就会以论据为基础进行反问，把可能出现的质疑都圈进自己的套路中各个击破，也就是消费者不管回答什么，都会有四种相同的结果：一是消费者没有资格回答——"消费者以为自己是专家呢"；二是消费者的看法是纯主观的，与产品无关；三是消费者不尊重事实（也就是论据）；四是消费者没有用明白公司的产品。在这样的情况下，产品模式就在舆论上成为"经得起所有质疑"的了，反证了公司的产品是最好的。

上、中、下三个层次的论据都分析完了，也反问完了，结果也有了，这时我们可能会疑惑，为什么很多东西一反问就变味了呢？首先，反问代表着拒绝沟通，也就是说公司并不想知道消费者要表达什么，不管消费者说什么，公司都要把消费者套进自己的模式里，"这个事儿是不讲理的"，除非消费者在理论性和权威性方面显著高于公司，并且能戳破公司的认知陷阱，要不然消费者不可能说服公司。

其次，荣誉和奖项不是能拿来反问的东西，正面来说明，某一产品获得过奖项和荣誉，并不代表和意味着它的质量有保障。不同的人完全可以有不同的看法，不能强迫大家持有相同的看法，更不能把获奖与否和产品质量好坏直接画上等号。某一产品获得该行业或该领域的奖项，其实是评奖的机构对该产品在特定一个或者几个标准、角度下的表现负责。也就是说，在参选的一定数量的产品中横向对比该产品在某些方面占优，或者作为独立产品在某一个角度或某几个角度所拟合成的某种情况下表现优异，但反问试图证明的结论是，不管横向对比，还是纵向对比，某产品360度全方位都占优，这就超出了荣誉和奖项所能说明的问题了。而且作为消费者，只要不对产品进行恶意诋毁，本来就有权提出对产品的任何意见和想法，既不需要证明自己比专家还专业，也不需要提出可能更好的解决方案，更不需要解释为什么这个产品得了奖但是自己还是不认可。

在反证逻辑框架下，因为框架内的论据本身都是真的，以此为基础的产品模式通过歪曲性的解读和具有诱导性的反问，使得消费者无法有效地对伪直销模式的产品进行质疑，伪直销模式也因而反向证明了自己的产品是"最好的"。

第三章

聊聊认知税的起源

1. 您理解的认知税产品是什么样的产品?
2. 认知税产品是高溢价产品吗?
3. 认知税模式是如何"博采众长"的?

认知税常常以智商税的名字为人们所了解，其具体的思路如本书第一章所述，将所针对的认知弱点整合起来，从这些认知弱点延伸到消费者对应的需求，再打造出专门针对这些需求的产品，并选择相应的运营过程，就成了认知陷阱的整合模式——认知税模式。

本章将辨析在认知税这一模式下，认知税产品到底是什么，并介绍认知税产生的过程及基础逻辑。

## 不同人眼中不同的认知税

首先要说明的是，本书无意探讨一个产品是否为认知税产品，也无意对认知税的概念进行定义，关于什么是认知税，每个人都可以有不同的看法，本文仅以认知税来涵盖所描述的某一类产品及其所采用的模式。

本书所指的认知税产品是这样的产品：针对特定人群的特定需求打造，不管在表现形式上是实物，还是服务或机会，以认知税模式自身愿意承受的最大限度风险来制造出一种幻象，这样的幻象能够在不同程度上满足这部分人群的特定需求，以期获取与"能够解决特定人群特定需求"相匹配，而与产品实际功用不相匹配的经济利益。

这里有三个方面的问题需要澄清。一是特定需求指的是错误认知所对应的需求，从需求的表现形式上来看，可能是现阶段根本不可能达到的需求，也可能是伪需求，还可能是被外界所强加的需求；从这些需求的满足方式上来说，首先可以排除该需求消费者可以通过自身的努力来满足，其次几乎可以排除消费者可以通过正规实物产品、服务和机会进行满足，这部分需求可以说是认知税类和诈骗类产品才会涉足并承诺在一定程度上"满足"的。

二是不相匹配的经济利益不仅指把用很低的价格就能买到的东西卖得很贵，也包括把本身没有价值的东西卖出价格，还包括把本身完全卖不动或者有严重缺陷以至于严重影响使用的产品用套路重新包装过以后卖得很好。

三是认知税产品与犯罪诈骗类、传统传销类、假冒伪劣/三无产品类、虚假宣传类，以及高溢价类产品在思路和表象上可能有一定的相似之处，但仅属于上述类别的产品很可能不属于认知税的范畴。

对于认知税到底是什么这个问题，之所以会产生不同的理解，按如下思路可以进行简单的剖析。

首先要分视角来看。

一个视角是从自身出发，那么在对方没有被定性为违法犯罪的情况下，只要是自己感觉这个产品不值，或没有宣传所宣称的那么好，或根本没用，或家人被骗了，或自己被骗了还掰扯不清楚心里很难受等等，都可以认为这个产品是认知税产品，这样就会涉及非常广泛的内容。而因产生上述感受，就得出产品是认知税的结论，可以说是更加主观的结论。

另一个视角是从对方出发，这时候还要再进一步细分。

如果从对方的出发点来看，那么就是"针对特定人群的特定需求打造出了幻象"，也就是说只要是往这个方向做虚假宣传的产品，其实也都可能被认为是认知税，这又会涉及较大的范围。这类虚假宣传的产品希望达成的结果是什么，比如是为了产生溢价、覆盖不同的消费者群体，还是为了掩盖产品的缺陷、更契合特定渠道。产品最终的诉求是什么也是这类虚假宣传的产品之间的重要区别。再对应到本书所指的认知税产品，虚假宣传只是必要条件，并非充分条件，虚假宣传作为重要的手段仍然要以完整方法论作为支撑。

如果从对方希望达成的结果来看，那么就是"获取与产品实际功用不相匹配的经济利益",按照这样的理解,高溢价类产品又都可能被认为是认知税产品,也会涉及较大的范围。高溢价类产品是基于什么原因进行的溢价,比如是基于品牌、情怀,还是历史的辉煌、实现相同功用的不同手段,也会是高溢价类产品之间的重要区别。只将产品的价格与实际功用相对应,就得出是认知税的结论,也可以说这是更加主观的结论。

对应到本书涉及的认知税产品,高溢价既不是充分条件,也不是必要条件。主要有以下几方面的原因:

一是很多认知税产品除了可以拿来骗人以外,根本就没有任何功用,甚至由于对应领域的特点可能都无法充当安慰剂,而没有基础价值又怎么可能产生溢价呢?

二是对于具有一定功用的认知税产品(先不谈功用被虚构了多少),也谈不上溢价的问题,因为对于所针对的特定人群,认知税产品并不是自身能够认知到的,也愿意承受的溢价很高的产品,而是价格与"能解决特点人群特定需求"相匹配的产品,至于价格是高是低则主要取决于根本需求满足的难易程度和满足后的收益。

再退一步说,到底什么产品才能满足自身的特定需求,或者更准确地说,能产生可以满足自身特定需求的幻象,不同的人群,也很可能会对应到差别极大的产品。比如消费者的特定需求是快速根治癌症,那么能满足这种需求幻象的产品可能是民间"高人"的偏方和替代疗法,也有可能是保健品公司推出的"包治百病"的神丹、玉石床、"健康"食品,还有可能是"源于"封建迷信的各类"法术"、摆件,同时也有可能是对邪教的盲目信仰和实践,更有可能是该消费者各种类型的产品都会尝试。产品之间的差别如此之大,是因为产生"可以满足自身特定需求的幻象"既可以脱离产品,又可以脱离产品一般意义上的功用,这就造成了一个问题,那就是相对客观的参照系已经不复存在了,因而已经不是溢价能够涵盖的问题了。

# 认知税是如何产生的

## 时代的温床

认知税之所以能够在当今社会存在，与时代背景有着非常密切的关系，在某种程度上，当今社会和时代可以说是认知税产生的温床。

首先，当今时代可以说是消费主义和信息爆炸的时代。消费主义的盛行模糊了正规模式和认知税模式之间的界限，增强了认知税模式的可信度和真实性。

具体对于产品来说，产品本身的一切属性都可以是不重要的，重要的是该产品与金钱价值的匹配度，而由于"一千个人眼中有一千个哈姆雷特"，所以无论什么样的产品在证明自身具有一定的价值时几乎都不会遇到什么阻碍，虽然是以果推因的结果，也是基于接收视角而非出发视角的结果，但却能够较为广泛地被某些群体接受。

另外，产品的附带价值观输出以及道德绑架也越来越被人们所接受，同时如果消费者试图反驳这样的价值观输出和道德绑架，则可能受到舆论愈加严厉的谴责，比如"钻石恒久远，一颗永流传""不买某商品就是不爱或者不关心自己的另一半""对自己好的人都买某产品"，这些常常被标榜为最成功或者非常打动人的广告语，甚至成为公众的生活常识。此外，一切关于产品的问题最终都要归为经济问题，比如"买得起不影响正常生活+随便用用就扔了=新的生活态度"，以及老生常谈的牛奶倒河里也不贱卖等，由于消费主义不谈浪费，总之商家会打造出一种浪费与经济损失之间并没有必然联系的闭环，甚至宣称浪费可能还会带来正向的经济利益，让消费者相信浪费既不需要刻意避免，更不是一个首先需要去思考的问题。

这对于认知税的产生有两点好处，一是市场对产品耐久度的要求大大降低，一方面消费者本来就不会预期该产品的使用期限，另一方面部分不良厂商也深谙"产品能用几十年不坏，厂子迟早得倒闭"的道理，所以品控都开始琢磨怎么让产品一出保修期就坏，如果进一步用明摆着就撑不了多久的原材料来进行生产加工，并将此种行为"洗白"为新模式都是这样的，新时代是快消时代，耐用消费品已经不复存在，好像舆论也没有什么强烈的反对意见，在这样的情况下，认知税产品大概也只是班里的"差生"，在市场中并不是很突兀的存在。二是就算产品真的没用多久就坏了，消费者通常也只是感叹一下世风日下，由此产生应激反应既不会有什么效果，也划不来。

从人生追求方面来说，获得更多的金钱和购买更贵且带有奢侈品属性的产品成了大多数人的追求。笔者要澄清的是，这里所说的追求更多的金钱和更贵的产品是不随改善型需求的满足而发生变化的。另外，在消费主义时代，提前消费和贷款消费显得非常自然，"投资自己"或者"生活就是得有点仪式感"这种观点深入人心，因而认知税产品会更有可能覆盖不同经济水平的消费者，消费者也更有可能关注超出自身经济承受能力的产品。

而信息爆炸看似让消费者有了更多渠道获取更加丰富的信息，但这只是让少数具有分辨能力、理解能力和整合能力的人群受益，即使是具有这些能力的人群，仍然需要花费相当的时间和精力去做信息的辨别和整合，信息的大爆炸实际上让更多消费者获取自己需要的信息变得更加困难，在大量的虚假信息、谣言和"意见领袖"的"客观"解读以及更具迷惑性的断章取义、春秋笔法和"辟谣"中迷失自己，并且舆论对于这样的情况，态度通常是暧昧的，真出问题了也大概率会"和稀泥"。在这样的背景下，认知税产品的出现和融入显得非常自然。这两方面为认知税模式的产生提供了必要的基础。

其次，法律法规的日趋完善打压了犯罪向的模式，包括但不限于暴力犯罪、黑社会组织行为、诈骗、传统传销等，这些模式在法律和规则的制约下另辟蹊径，其中的一部分选择了深入研究规则，改变过去的行为模式，并逐渐探索出了红线范围内的生存方式，从而导致一部分认知税产品的出现。

最后，越来越快的社会节奏，也从两个方面为认知税提供了温床。一是每一波风潮都能深刻地影响一大批人，所以借着一波风潮能推出一批产品，而认知税产品的表象永远与时代的风潮紧密相连，也非常需要跟风和随波逐流的消费者。二是前文提及的市场对产品的质量和耐久性的要求降低了很多，产品的使用期限可能赶不上下一波风潮，上一波流行的产品就算还能用也可能被认为是"过时"的了。

快节奏的消费主义时代，加之信息爆炸的时代背景，在为认知税产品悄无声息地融入普通产品中提供了极大便利的同时，也极大地降低了消费者对产品的要求，而身处这样时代的消费者在更敢花钱的同时，也更难以对产品本身的优劣进行有效的分辨，最后舆论导向还是倾向于多消费、提前消费和产品的快速更新淘汰，并且在出现问题时，在不违反法律法规的范围内，舆论几乎总是秉持着和稀泥的态度。在这样的时代温床下，认知税模式有了出现的可能性和发展的空间。

时代的温床对认知税模式来说很重要，是因为认知税模式虽然有系统的方法论，但方法论的产生在很大程度上依赖于当前时代的风潮和市场趋势，认知税模式一直以审视的眼光关注着这个社会、时代和市场，懂得借势，并顺应时代，运用自身的方法论成为存在于世间的一种模式。同时认知税模式从本质上讲也不是一门关于如何更加深刻地理解和更加巧妙地利用认知弱点的学问，而是一个不断确认与诱敌深入，同时追求效率的过程。认知税模式是一个基于对所处的社会、时代和市场的理解以及人群的把控，掌握消费者消费心理，对市场和产品可以动态调整的模式。

## 认知税的基础逻辑

基础逻辑作为更加宏观的视角，与具体产品之间可以说是"你中有我，我中有你"的密切关系。

本文所述的基础逻辑就是整体模式在设计上如何与产品相配合，以达到获取经济利益的结果。首先要界定的有以下三点：

一是达不到预期的经济利益是很正常的，毕竟不管是不是认知税产品，都要遵循现实世界的规律，毕竟任何经济行为都具有一定的风险。

二是本文所述的"挣钱"和"盈利"与账面收入和利润可能是一致的，也可能是不一致的，不管通过什么方式。最终售卖认知税产品的公司能把钱揣进自己的腰包，或者弱化为自身可以调用、变成自身的现金流的行为都可以被视为"挣钱"。

三是从基础逻辑到结果之间可能还有很多环节，也可能会受到很多因素的影响，基础逻辑和结果之间也未必有着必然的联系，也就是说，基于基础逻辑的行为未必能直接产生盈利的结果，而是可能产生一些自身需要的中间产物再导向结果，比如声誉、舆论导向、市场信心等。

### 找到参照系

首先可以为认知税模式的基础逻辑找到两个参照点，一个参照点是非认知税类+非犯罪类产品的模式，下文将其统称为正规模式，基础逻辑可能是"立足于品质、创新、科技"，也可能是"一年不开张，开张吃一年"，还可能是"深耕细分领域"，这些都可以作为认知税模式并不想达到的一种方向；另一个参照点是犯罪类模式（可以给认知税模式做参照的主要是诈骗类和传销类的违法犯罪行为），基础逻辑可以是"高风险高回报"，也可以是"空手套白狼"，这些方向又都可以作为认知税模式并不愿触碰的另一种方向。

认知税模式的基础逻辑在借鉴参照系时，既考虑了参照系的优点，也思考了参照系的"局限性"。对于正规模式来说，以"立足于品质、创新、科技"方向为例，认知税模式既学到了惯常的对于产品赋予"品质、创新、科技"的包装、指标和描述逻辑，又思考了哪些是正规模式不敢说的和还没研究出来的方向，以及这些特质作为素材应该如何多做一步，拟合成可能更加失真，但更直白，也更有吸引力的卖点。

对于犯罪类模式，认知税模式所学习到的"点"是脱离产品，空手套白狼的思路。之所以产品的重要性可以被弱化，主要是因为犯罪类模式采取的思路。犯罪类模式首先思考的是要怎么去坑、骗、"套路"消费者，但是又不直接告诉消费者"我是骗子"，因而不管它打算怎么骗，都要先找到好骗的人，然后专门针对他们的弱点行骗。具体操作时，犯罪类模式既可以直接空手套白狼，也可以包装出某种产品。

在借鉴犯罪类模式的思路时，认知税模式在没有产品的情况下，通过人群选择和对其认知弱点的深刻理解，会单凭骗术引导消费者上钩；而在存在产品的情况下，认知税模式所使用的产品一般会有两个特征，一是对应到同一弱点的产品差别通常极大，比如针对消费者根治癌症的需求，认知税模式能够提供的产品即可以是宣传"包治百病"的保健品，也可以是让消费者选用其所提供的民间偏方。二是产品要不然根本不存在某种功用，要不然其功用是反常识、超越常识的（此处为贬义），比如绿豆是普通的食品，最多可以说有一些清火的功效，但不良商家会告诉消费者这个东西好，不是只有清火的功效，而是真的必然达到治疗所有疾病的效果。

认知税模式还思考了为什么犯罪类模式会被判定为犯罪，进而再研究其中有没有什么空子可以钻。

对于传销类犯罪模式来说，主要的漏洞如下：一是没有产品，或没有称得上是产品的产品；二是多层次相关的问题，针对这部分漏洞的思考主要会应用在伪直销模式中。

对于诈骗类模式来说，主要的漏洞如下：一是以非法占有为目的，直白地说，诈骗就是为了直接把消费者的钱揣自己的腰包里。二是欺诈行为的认定，欺诈又分为虚构事实和隐瞒真相。虚构事实的，一般虚构的程度都"超出了社会容忍的范围"，比如"您女儿出车祸了……打钱"，而采用隐瞒真相的，一般与字面意思相符，隐瞒的还真的是真相，比如根本无力归还借款还去借钱。三是数额问题，这个说起来就比较简单了，要是诈骗金额数小，只要没有其他恶劣的影响，考虑到追回的难度和成本，消费者选择不了了之的可能性会比较大。针对这些问题，认知税思考了自身进行退行的方式，试图钻规则的空子，进而形成了具有自身特色的模式，笔者将在下一部分详述。

### 抄出自身的特色

基于从参照系中学到的东西，认知税模式是以"骗好骗的人"为着手点，再以退行的诈骗类模式和退行的正规模式相交融，进而形成的独特模式。

这里有两点要澄清一下。一是关于"骗好骗的人"，并不单单意味着精准切入特定人群的特定需要，以短板非常明显的产品取得商业上的成功，更意味着强排他性和效率为工，也就是认知税模式真的是只针对特定群体的特定需求，既不希望扩大目标群体，也不想探索特定人群的普通需求，而是会通过各种手段对人群进行反向筛选，不断确认有购买意愿的人群确实是与自己的预想相同的，然后只对这部分人下手，而且认知税模式希望以最高的效率把特定人群"收割"完，因为一个产品或套路是撑不了很久的，所以也基本不会打攻坚战。

当认知税模式真的是只针对特定群体的特定需求时，就不需要按照传统的商业模式那样花费精力在产品上了，不管是在研发上进行投入，精进技术、扩大产品线还是不断调整产品的特性来迎合时代变化中不断改变的目标用户，或者做市场下沉、上探等，而是需要进行反推，根据目标人群的弱点设计套路，再随便做个产品，所以认知税模式会将目标人群根据不同维度进行细分，再对症下药。

二是关于退行的诈骗类模式和退行的正规模式的交融，虽然更多的认知税模式是以退行的诈骗类模式为基础的，但以退行的正规模式为基础的认知税模式也占相当的比例，而且可能更具迷惑性。

### 诈骗类模式退行的方式

认知税模式首先会从在什么情况下会被判定为犯罪开始思考，简单来说，非法占有的目的和欺诈行为可以作为诈骗罪的客观要件，那认知税模式就会同时从这两个方面入手。对于非法占有目的来说，认知税模式可能不会把骗来的钱直接揣进自己的腰包，而是多倒几次手，比如用于公司经营，试图"洗白"非法占有的目的；对于虚构事实，认知税模式则会对虚构程度进行把控，比如往虚假宣传上靠，进而试图逃避法律更为严厉的制裁；对于隐瞒真相，主要试图隐瞒的是信息差，也就是说试图隐瞒作为商家可能比消费者多了解的那一部分信息。不过认知税模式也清楚，常在河边走，哪能不湿鞋，所以认知税模式还会进行以下两个方面的思考。

一是认知税模式思考了在什么样的情况下会引起执法部门的注意，所以它试图在社会资源和执法资源不是那么充足的领域寻找生存的空间，具体来说，就比如在民事纠纷和"民不举官不究"这样的领域，认知税模式试图通过注销公司、"跑路"、换公司等方式来躲避法律的制裁。

另一个就是关于受到法律制裁的情况，认知税模式在思考了会被判定为犯罪的情况和会吸引执法部门注意的情况后，总是试图将自身的所作所为落入违法违规且仅仅涉及民事纠纷的范畴，进而试图控制自身受到法律制裁的程度。

综合以上思考，诈骗类模式就这样被退行了，相当大一部分认知税产品在能够运用诈骗类模式思路的同时，还规避了采用诈骗类模式会受到的较为严厉的法律制裁。

### 正规模式退行的方式

那么认知税模式又是如何将正规模式退行的呢？指导思想就是用反向的思路打造正规模式。

什么是正向的思路？什么又是反向的思路呢？主要关乎的问题是产品的特征和指标到底是因还是果。

要事先澄清的有三点，一是无论是采用正向思路，还是反向思路，都与产品是否为认知税产品没有直接的关系；二是下文中所举的例子并非以某一品牌为原型；三是无论正向还是反向思路，由于服务的是正规模式，所以打造出的产品都不会过于离谱，都至少具有满足底线的基础价值和功用，并且即使在使用套路时也会基于产品进行虚构，而不只是在制造幻象时为了增加真实性，打造一个可以匹配的载体。

对于正向的思路来说，特征和指标是果，因是希望满足消费者的某些需求或希望产品真实地具有某些功用，并且除了能拿出来说的特征和指标外，产品其他属性至少能保持在及格线以上，这样整合出来的产品就商家所希望满足的来自消费者的需求以及消费者希望具有的真实功用来说，达不到优至少也是良。

以一部手机为例，商家希望满足的消费者需求可以是买到一部好用的旗舰机，消费者希望手机具有的真实功用是顶级的拍照能力+色彩表现能力+续航能力+握持手感+操作顺滑和流畅程度等。因为这些目标，商家才使用了相应的摄像头组合、屏幕、电池、系统，以及与目标相匹配的外形和材质，并且将它们有机地组合在一起，比如会考虑如何在大电池、过大的摄像模组和好手感等相互矛盾的目标之间找到一个平衡点。在看不见的地方，比如，屏幕是不是有疏油层？内存用的是什么颗粒？拍照的算法怎么样？系统有没有广告软件、预装软件，优化得怎么样？最后呈现给消费者的产品在优化整合了各种顶级硬件以后，确实具有各具体项目的顶级水准，并且可以作为一个整体，也就是一部在日常使用中能达到好用标准的手机。

而对于反向思路来说，特征和指标是因，果则是希望消费者认为只要具有同等特征和指标的产品就都可以同台竞争/希望产品能够与大品牌进行错位竞争。反向思路下的产品宣称其指标和大品牌的产品都一样，甚至还有比大品牌强的地方，大品牌只是牌子硬，设计得不大一样，其他的哪点也不比反向思路下的产品强，同时在反向思路下的产品卖得要比大品牌的产品便宜很多，以此说明自己"有良心"，产品有"性价比"。

实际上，反向思路下的产品除了能拿出来说的特征和指标水分就不小以外，其他方面几乎都有严重的缺陷，其整合出的产品如果剥去套路，很可能消费者就会怀疑是不是研发了一半就上市了。还是用一部"旗舰机"来举例，首先来堆硬件，硬件都用货真价实的，旗舰处理器+旗舰摄像模组（个数+不同功用的摄像头+像素+多大底+来自大牌供应商）+旗舰屏幕（分辨率+刷新率+最大亮度+来自大牌供应商）+大电池，这些物料预备齐了后，再按照抄袭的外观组装起来，不过最终成品的功能是否与其宣传的一样就不太好说了。

然后退行的正规模式就会开始与友商的产品对比，反正数据上在专业测试上没跑输过（不利于自己的数据直接略过），不过消费者的实际使用感受却一言难尽，因为拼凑出来的特征和指标存在的意义不在于实际的功用，而只在于产品具备这些特征和指标本身。作为一个整体，也就是一部手机，很可能它是一部观感廉价，系统不流畅，内置各种广告、预装软件，设计抄袭感重，半斤多重，在日常使用中并不好用的手机。当消费者说这部手机难用时，商家请来的多个行业内KOL（关键意见领袖）都说这部手机好用，以此反证现在的消费者不懂手机，还随便攻击商家。

那么如何使用反向思路将正规模式进行退行呢？

可以从指标入手退行，也就是说这个产品除了指标好看，其他都很差，比如硬件整合得很差，品控和售后就别作指望了，但这实际上确实是一部手机，也不是不能用，只是不好用，不过好不好用是主观问题，主观感受这部分很容易由套路"洗白"。

再进一步，还可以从特征入手退行，仍然以反向思路中的手机为例，就是说这部手机除了是一部勉强能用的非山寨机以外，指标和硬件上也可以有一部分硬伤，但是仍然可以标榜自己是"旗舰机"，至少也是旗舰级，然后用一些噱头来做代偿，比如用智慧、人工智能、自动、自适应、微电脑之类的概念对应到产品硬伤，比如用了分辨率很低的"大果粒"屏，这时候就可以告诉大家这块屏不是普通的"大果粒"屏，而是"智慧屏"，里面有人工智能AI，这个就高级了，有了这些那8K高清屏也不换啊。

这样的退行思路不仅适用于实体类产品，同样也适用于服务类产品。比如同样都叫包过班，从指标退行就是宣传它们的老师也都是名校毕业、有多少年经验、考过多高的分，同时也有自己的课程体系，教学地点交通便利，教学也是小班授课，但消费者报名了后就会发现它就没打算研究怎么教好学生，可能是老师也不怎么会教，也可能课程体系是东抄点、西抄点，学生越学越糊涂，等等，比自己自学也就算是多了个学习氛围吧，消费者只能安慰自己反正包过，不行再来呗。

从特征退行就是指培训班有教室，学生来了也有老师教，中间机构可能也没倒闭跑路，但一开始就有硬伤了，老师水平不行就宣传为虽资历平平但特别会教学，位置偏僻就解释为环境安静，适合静下心来学习，等等。

### 退行的诈骗类模式与退行的正规模式的交融

认知税最后思考的问题就是如何将退行的诈骗类模式和退行的正规模式交融。认知税主要采用的是"错位"的思路。

当认知税模式以改进的诈骗类模式为主时，会在风险承受范围内，选择最接近规则底线的领域，打造看起来最直白和夸张的产品，在与正规模式结合的表现上，主要是套用了正规模式的表述逻辑，两种退行模式融合就是"一本正经地胡说八道"，是泛诈骗类模式中听起来最有道理的那一个。

当认知税模式以退行的正规模式为主时，在具有勉强能用的产品的基础上，会用最低的成本打造出类正规向的产品，与诈骗类模式结合的表现上，主要是套用诈骗类模式的包装和表述方向，也就是在"社会容忍的范围内"尽量胡说八道，是泛正规模式里最敢宣传，也最知道往哪个方面宣传的那一个。

第四章

**正规商业模式下运营的精妙骗局**

1. 认知税骗的是"年龄大、受教育程度低"的消费者吗?
2. 认知税是如何在法律的边缘试探的?
3. 为什么有些认知税产品看起来与正规商品无异,而有些一看就像骗人?

认知税模式作为一种商业模式，在针对认知弱点时，采用了"以人为本"的思考方式，因为认知弱点是来源于人的，所以针对认知弱点的本质其实就是对于人的理解与把控。在把控的过程中，认知税模式选择了从认知弱点过渡到人群所对应的需求，并通过筛选人的各类特质为指向认知及提升效率提供新的可能。以所选择的人群为基础，又选择了其所处的行业、领域，以及所采用的渠道及宣传方式，并进一步构建出了整体的动态模式，以动态发展的眼光让认知税模式保持着高速的运转。

## "以人为本"的理念

通过前文对认知税产品及认知税模式基础逻辑的介绍，我们对认知税有了一些初步的了解。下面就要进入认知税的核心部分了，也就是对于人的理解和把控，因为只有清楚了什么样的人群是目标人群，他们有什么样的需求，又应该如何精准而高效率地吸引这样的人群并进行转化，认知税模式才有可能真正运转起来。在进行思考时，认知税模式秉承了"以人为本"的理念。

认知税模式首先思考了到底什么样的人才是好骗的，以及具体应该怎么骗，具体来说就是到底具有什么样需求的人群才是目标人群，并结合自身特色划定了选品的范围，同时结合人群相关的特质对产品进行了更加精细化的设计，在宣传时精准地针对了具有相关需求和特质的人群，以期在吸引目标人群的同时排除掉具有独立思考能力的人群，因此对于人的理解和把控贯穿着认知税模式的始终。

# 选人

## 以错误认知所对应的需求为根本

到底什么样的人"好骗"是认知税模式一直在思考的一个问题,答案肯定有非常多种,也各有各的道理和优势,只是对人群圈定的精确度不同,对实际操作的指导意义大小不同。

认知税模式对于"好骗"是这样看待的:

首先,"好骗"是基于已知的信息,也就是自身对于人的理解,而不是探索未知的信息,更不会主动创造机会去探索。

其次,可以确定地说,任何单一方法或者复杂的模型都最多只能不断聚焦到更加精准的人群,而不能真正确定最精准的人群。既然所有方法和模型都只是在精度上有分别,就又涉及两个问题,一是精准程度达到什么水平才算够用,非常精准的方法并不是找不到,只是并不一定是最适合自己的,如果用迫近的方法,把精准程度直接拉满,成本可能会太高;要是把精准程度直接拉到非常粗浅的刻板印象,比如"向老年人卖健康,向女人卖美丽",那又跟没说一样,所以适合自己的才是最好的。认知税模式的选择是以错误认知为核心,辅以对具有某些特质人群的理解,构建出"好骗"人群的画像,这样的精准程度可能不是最高的,但在成本和参考价值之间做到了很好的平衡。二是对于某些不符合自身预设的人群无法被针对或部分聚焦到的人群并不是自己想要的该如何处理,认知税模式的选择是直接放弃,因为符合自身理解的人群已经足够了,而且对于"好骗"的理解不仅涉及购买之前的环节,还涉及购买后出现问题时的善后环节,这部分不符合自身预设的人群就算真的买了认知税产品，出现问题的善后成本也将大大增加，因而放弃他们才是最佳选择。

最后，从人群的性质来说，认知税模式最想骗的人肯定是经销商/加盟商，而不是零散的个人消费者，但要骗经销商/加盟商，或者试图把消费者变为经销商/加盟商，一点小套路就不太够用了，超出了认知税模式所能达到的范畴。由于认知税模式的局限，本部分所述的人群主要是个人消费者，再做一下细分的话，认知税模式更倾向于选择将产品卖给为家人或其他人买的那一部分个人消费者，而不是买来自用的那一部分消费者，因为买来送人的消费者更可能注重认知税产品的优点，而不管是否能看出破绽，对他们的影响更小。

如果抽象一下人被骗的过程，就会发现，对方虚构事实和隐瞒真相虽然是必要条件，但消费者自身产生错误的认知才是关键，不然又怎么会为之买单呢？所以对于认知税模式而言，与其选取容易产生错误认知的人群进行精准打击，比如老生常谈的年龄大、文化程度低的人群，还不如直接选取具有错误认知的人群，然后针对他们的错误认知所对应的需求量身定制产品，再结合他们的特质，进一步确定圈定人群的细化程度，这样选定的人群更加"好骗"，因为错误认识对应的需求从本质上讲就是不可能被满足的，或者说不需要被满足，但只要消费者觉得这种需求在某种程度上可以被满足，剩下的事情就只是给消费者一个说服自己的理由而已。

认知税在选定了所针对的需求以后，虽然每种需求可以直接对应具体的产品，但其实在这个阶段是选择了更笼统的产品意象，因为一方面认知税模式真正意义上的产品是其所描绘的幻象，而不是具体的实物、服务和机会，所以具体的产品可以对应的幻象其实范围很大，本身就只是一个意象；另一方面还要结合人群的一般特质才能更好地确定具体的产品。

从第一章所讲述的认知弱点过渡到需求，认知税模式还会进一步考虑消费市场的实际情况、套路的能力范围以及规则允许的范围，并有可能将它们与常规需求相结合，有非常多的可能，本书仅讲述常见的几种错误认知对应的需求。

第一种是附带错误认知的常规需求。比如常规需求可以是希望通过考试，附带了错误认知的常规需求就是自己不想努力而希望通过参加某种具有"魔法力量"的培训班就可以通过考试。又比如常规需求可以是希望学习一些沟通技巧，提高自身的沟通能力，附带了错误认知的常规需求就是立刻学会能够对所有人都有效的沟通技巧。

**满足意象**：主要是用偷换概念、文字游戏和特殊的归因系统三种手段。比如包过班对于"包过"概念的解读可以是不过退钱，也可以是不过免费复训，还可以反转为付费岗前培训，虽然不能达到诈骗性质的"交钱后必定通过考试"这么"神奇"的效果，但所拟合出的"包过"概念仍然具有相当的吸引力。又比如沟通技巧培训，打造的归因系统就是：学完了以后有效果→必定是学了以后才能跟人沟通/不学指定无法跟人沟通；学完了以后没有效果→没领悟精髓，趁机针对具体问题再做补充/没有效果只是相对的，相比没学以前已经挽回了很多损失。

**产品意象**：附带的错误信念必须是能通过套路弥补的，因为产品要着重针对错误信念进行满足，至于常规需求，只要产品与之相关就行了（比如包过班，重在怎么说明自己包过的机制，而不在具体教授的内容）。

第二种错误认知是不知道在当今时代背景下，什么是可能的，什么是不可能的。对应的需求就是至少在现阶段根本就不可能达到的需求，比如不想做任何取舍，就必须物美还价廉，"既要""又要""还要"，又比如长生不老、青春永驻。

**满足意象**：需要巧妙利用辩证法，利用相对的概念退行程度，但不退行性质。比如消费者不想做任何取舍，产品和需求必须物美还价廉，商家就可以直接对消费者坦言，它所提供的产品是实打实的物美价廉的产品，但确实也是消耗品，没法成为传家宝，大概能撑个十年八年的，也就是说产品能满足消费者的需求，但是有限制条件，而这个限制条件对产品是明踩暗捧的。又比如长生不老，解读的方式就复杂了，从最完美的不死不灭，到中层的不受到伤害就能永生，这些一看就不可能实现的目标都是商家不太敢用的,再到最常用的能比同龄人多活个十年八年的,或者不强调能比同龄人长寿,但强调在活着的时候生存质量能显著提高,相对概念的体现就在于,人相对于小飞虫就是长生不老,所以只要比同龄人多活一年也是变相达到了"长生不老"的目的。

**产品意象**:虽然对应这样的需求打造出具有一定退行性功用的产品,再用套路代偿也是可行的,但直接提供没有功用的产品,全部用套路掩盖产品缺陷的成本更低,对目标人群还更有说服力,整体可以自由发挥想象力。

第三种是伪需求,错误的认知在于急需应对一个根本不存在的问题,能达成的最好效果就是可以正常地生活。比如需要应对生活中无处不在的、对婴儿极度危险的辐射,又比如需要恢复虽然现在指标一切正常,感觉也一切正常,但"实际上"已经千疮百孔的身体。

**满足意象**:主要运用的是反转、不可知论和消灭不确定感,也就是说,就算消费者面对的问题不存在,或存在的可能性微乎其微,消费者仍然会选择做应对的举措,也是"对自己更好"的举措。比如防辐射服,商家甚至可以坦言辐射伤害到胎儿的可能性确实很小,但辐射这东西总归是存在的,谁知道还有什么危害呢?穿上防辐射服不就安心了吗?

**产品意象**:产品原则上不需要有任何功用,因为一切都可以用套路解决,但为了提高真实性,有时会加入具有功效的内容。

在满足这三种需求的同时,认知税产品还经常会附带满足人的心埋需求,主要是为消费者提供正向的被关心、关爱、尊重的感觉,以及反向降低不确定感和提升安全感。这部分需求比较微妙,对于认知税模式来说,只满足这样的需求很可能是不够的,但满足不了这样的需求又可能让其他套路施展得更加艰难,尤其是在最开始切入的部分;对于消费者来说,这样的需求很难说是由于错误认知导致的,而是由消费者对自身认知的缺失导致的，消费者在并不能清晰地觉察到自身有这部分需求时，只要面对附带满足了这部分需求的产品，都可能直接失去了思考能力，盲目地为之买单。

**满足意象**：这部分需求确实可以满足，所以没有做退行的必要，只是满足到什么程度有点区别。

**产品意象**：需要在产品以外提供一定的"糖衣炮弹"，更倾向于使用非自助式渠道，产品本身可以没有功效。

当然所有的需求更可以进行自由组合，乃至全部被满足，比如认知税保健品就既能满足消费者追求的药到病除这种既附带不合理信念又根本达不到的需求，又能附带满足消费者被关心、关爱的需求。

这里还要做进一步说明，一是错误的认知其实与人本身的特质，比如贫富、年龄、性别等，并没有必然的直接联系，错误的认知也并不会出现在所有人身上，但经过退行以后的错误认知出现在任何人身上应该说都不意外，认知税模式推出的产品其实更多地针对了退行后的错误认知所对应的需求。

二是错误的认知未必会马上产生相应的需求，乃至于去寻求满足这些需求的方式，但如果放在更长的时间范围内，这些需求又必然会产生并需要被满足，直白地说就是只要有错误的认知，被骗只是时间和方式的问题，并且到底在什么时候满足这样的需求，也受到很多因素的影响。从消费者的角度出发，自身的状态、所处的人生阶段、受到的外界影响会是重要的因素；从认知税模式的角度出发，所提供的产品可以正向满足这些需求的程度和对目标消费者的匹配程度，反向退行的程度以及排除消费者顾虑和不确定感的能力也会是重要的因素；从外界环境的角度出发，社会舆论的导向、科技的发展也会是重要的因素。认知税模式的选择就是把自己能控制的做到最好，并尽量顺应外界环境和趋势，只要把在产品存续期间需要满足错误认知所对应的需求的那一部分消费者"收割"到就够了。

### 以特质为辅助

特质包括状态特质和一般特质。

认知税模式在确定了自身所针对的需求以后,还希望消费者的这些需求更加迫切,这时候就需要进一步思考目标人群的特质了。不同人群不同类别的特质对认知税模式有着不同的意义。认知税模式更感兴趣的是容易被利用的状态特质,比如怀孕、生病、失业、升学等。这部分特质虽然不一定指向附带错误认知的需求,但一定很迫切地指向普通的需求,转化为附带错误认知的需求的难度将大大降低,甚至随着迫切程度不断加深,可能会自然地发生转化,开始有了被认知税模式单独针对的价值。

既具有错误认知所对应的需求,又具有易被利用的状态特质的人群是认知税模式最核心的目标群体,因为只具备错误认知所对应需求的人群可能会少了点迫切感,而只具备易被利用的状态特质的人群又可能少了点错误认知。

一般特质包括经济水平、受教育程度、性别、年龄等特质。根据一般特质来选择所针对的人群是广为采用的认知税筛选机制,比如选择"年龄人、文化程度低"的人群,也就是说将所选择的一般特质理解为指向更容易受骗的特质,这种认识虽然在很多情况下是对的,不过我们也有必要了解认知税模式利用消费者的一般特质背后的思维逻辑。

认知税模式在实践中利用消费者的一般特质时,一方面会以这些特质为依据进一步确定产品的特质,迎合这些一般特质;另一方面认知税模式也可能会根据实际需要针对一个或几个一般特质进行反向筛选,与状态特质一起作为辅助条件,与错误认知所针对的需求一起圈定出更加精准的目标人群。

认知税模式对一般特质的利用方式源于对其较为深刻的理解。如何理解一般特质是老生常谈了，如有钱人更可能具有什么特征、年龄大的人可能更喜欢什么，等等。这些泛化的理解从理论上讲参考意义不大，因为一方面不同人对同样特质的认识就是不一样的，比如对有钱、年龄大的界定标准是不统一的；另一方面，给出的认识但凡是具体的在代表性方面都比较有局限性，毕竟要涉及的人群如此之广，都具有相同的特质本来就不可能。当然也有取巧的办法，就是把人群的一般特质说得很笼统，比如格局，这样什么都能往里套，但这样也就没什么具体指导意义了。不过，从实际出发，如果能恰当地运用对于一般特质的理解，这部分特质也可以派上用场。

如果靠对一般特质的理解来做排除，那么帮倒忙的可能性更大。做排除常见的情境如下：当一位陌生的消费者进店，商家不知道这位消费者的经济水平，不知道他有没有购买能力，但是商家通过对经济水平这种一般特质的理解快速对进店的消费者进行判断，进而采取不同的举措，如果商家认为消费者经济水平较差，没有购买能力，就不会认真接待。在这样的情境下出现判断失误是必然的，因为如上文所述，从本质上说任何对一般特质的理解都有很强的局限性，如果希望做排除时的判断失误不带来负面的影响，就要有两方面的严格限制：一是不能靠声誉挣钱，毕竟判断失误所带来的负面影响肯定不仅仅涉及一个客户；二是得走短平快路线，提高效率才能更赚钱，而不是抓住一个大客户更赚钱，而且没有足够数量的样本还谈不上效率。这样的限制使得适合做排除的情境比较有限，不过多数认知税产品恰好能满足这两方面的限制，因而会根据实际情况针对一个或几个一般特质进行反向筛选。

如果将对一般特质的理解用来迎合目标人群的需求，对于特质的理解就更有可能派上用场了，比如对"年龄大"这种一般特质的理解是这类人群可能更相信传统文化，那么认知税模式就可能选择在保健品中使用中药的成分和中医的机理，虽然这样的理解也可能是完全不对的，但在能更好地针对一部分具有"年龄大"这样特质的人群的同时，也没有排除掉具有其他一般特质的人群，因而用来迎合目标人群具有更广泛的适用性。

## 选品

选人与选品是密不可分的，因为在选择了"好骗"的人以后，认知税为他们量身定制了产品作为载体，产品会是什么，主要取决于"好骗"的人需要什么，这些产品存在的意义就在于可以很好地针对选定人群的需求与特质。

在"以人为本"的同时，认知税模式也会考虑自身的能力范围、法律允许的范围，以及打造产品的成本，综合以上因素，认知税模式在选品方面的考虑如下。

### 认知税模式挑选意向的标准

认知税模式通常希望挑选的产品意象如下。

（1）无法量化判断的：如影音、酒、茶、食品这种类型的产品，商家闭着眼睛说好就完事了，消费者没有具体的判断好坏的量化标准，最后就算发生纠纷也是一笔糊涂账。

（2）短期内可以没有结果的：如选择宣称能治愈糖尿病的产品，可以对消费者说至少需要多个疗程才能见效。

（3）本身成功率就高的：如选择能够帮助目标人群生男孩的产品，生男孩的概率本身就是50%，通常再结合无效包退承诺打组合拳。

（4）容易偷换概念的：如包过班，结果很可能是学员考试不过包重新上课，几百人的大教室，多几个重新上课的学员也不会花费太多的成本。

（5）没有结果但消费者不好意思明确说的：如针对个人隐私设计的认知税产品，消费者即使没有获得产品宣传的效果，也不太好意思向大众公开。

（6）结果不是很重要的：如灵魂出窍教程，消费者看了觉得有趣就够了，真要出窍，多数人也是并不愿意的，所以能否达成产品宣传的结果消费者并不是很看重。

（7）消费者着急的或者已经没有别的办法的：如针对重症晚期患者设计的治重病的保健品，消费者常常是抱着死马当成活马医的心态试用产品。

（8）难以证伪的：如保健品，对于保健品是否有效，因涉及的变量过多，严谨的证伪需要较长的时间且耗资巨大，仅通过常识和逻辑推导又难以真正辟谣。

（9）维权成本较高的：如需要诉讼解决的，消费者费时费力，即使赢得诉讼，所得可能还无法弥补诉讼花费的时间和精力。

认知税模式通常希望避免的产品意象如下。

（1）需要过高技术含量的产品：如电脑芯片这类需要硬实力的产品。

（2）使用后可能伤害、威胁消费者人身安全的产品。

（3）诈骗性质的产品。

（4）当即就能验证效果的产品：如修手机和电脑时偷换零件，很容易被消费者当场揭穿，且必须负法律责任。

（5）需要品牌进行溢价的产品：如奢侈品，认知税产品通常无法依赖品牌，因为这些产品的生命周期注定很短，变换很快。

认知税模式通常不会刻意避免的产品意象如下。

（1）道德上会被指责的：如骗老年人养老钱这类。采用认知税模式的商家是完全没有道德底线的，它不会有任何道德方面的顾忌。

（2）违规、违法但不犯罪的：如受到的法律制裁是退钱、罚款、注销、停业整顿这类，他们也不会放在心上。

（3）被正面辟谣、网络上口碑和风评极差的：对他们来说反而有可能是好事，一方面有人替认知税做反向筛选了，还不要钱；另一方面认知税模式极其擅长颠倒黑白，对采用认知税模式的商家来说没有绝对的好与坏，只是如何利用和引导舆论的问题。

### 产品意象所对应的多发行业

产品意象虽然说起来很碎，但能对应到的方便入手的行业就没有那么多了，因为套路和骗术不能弥补一切。

认知税模式多发的行业主要集中在大健康、减肥、美妆护肤、母婴、影音、茶、酒、男科、皮肤科、人流、金融理财、保险养老、投资加盟、求职考试、玄学相关行业，还有某些罕见的整体就是认知税产品的行业，比如狭义的成功学，当然认知税产品也可能存在于所有行业，只是在多发的行业以外更多地使用了附体的方法，也就是出发点以及具体打造出的产品都不是认知税产品，但使用了认知税的方法论让消费者买单。

### 关于认知税的"产品"

谈到选品，可能大家会自然地对应到常规意义上的产品，不管是实物、服务还是机会，然而由于认知税模式独特的出发点，本文重新定义了认知税产品。如果不断切换视角，把常规意义上的产品与认知税模式相对应，那么认知税模式真正的产品既可以是宣传方式所打造出的幻象，也可以是所提供的整体"解决方案"，还可以是其所提供的心理安慰；而认知税产品对应到常规意义上的产品，既可以是增加骗术真实性的道具，也可以是满足目标群体预设的道具，还可以是规避风险的道具。认知税模式真正的产品是隐性的，是目标消费者无法察觉的，对应到常规意义上的产品才是显性的、消费者能看到和感知到的，当然也是与现实世界接轨所必需的。

"选品"这一部分是认知税模式在整体动态模式下，"以人为本"的思路中，"选人"部分之后思路的延续，承接了所针对人群的错误认知所对应的需求以及选定的状态特质，并综合考量了自身的生存范围与成本控制，重在确定适合自身的行业、领域和更笼统的产品意象，而进一步落到具体的产品以及对产品再做打磨，则对认知税模式来说重要程度很低，因为具体的产品都只是道具而已。

虽然在认知税模式中具体产品的重要性很低，但目标消费者却并不清楚这一点，而由具体产品的重要性很低所带来的副产品，比如具体产品极强的可塑性、紧随市场趋势的时效性，以及灵活的定价，反而成了吸引目标消费者的卖点。对于极强的可塑性，认知税产品确定具体品类以后，仍然有很大的操作空间。比如宣传时可能产品具有 A 功能，但给消费者具体介绍时又说产品还有 B 功能，而且该功能还更有优势。对于定价，认知税模式下的原价、现价、折后价存在的价值主要在于和目标人群需求的匹配性，并没有实际意义，因为能讨价还价的空间非常大，只是需要选用合适的方式进行让步，反正"去掉两个0"都能"含泪赚两个0"。具体产品较低的重要性为认知税模式后续根据人群特质进行产品微调和采用多种多样的宣传方式打下了很好的基础。

### 关于产品的具化

在确定了产品的类别以后，认知税模式可以通过迎合目标人群的一般特质来确定具体的产品，不过在做迎合之前，认知税模式会首先思考是否需要根据对选定人群一般特质的理解进行迎合，如果需要才会进一步思考如何根据对一般特质的理解来打造同一类别的差异化产品。

而不需要迎合一般特质的产品类别，如玄学类，不管贫富贵贱、男女老少，都可以"一视同仁"，都可以说"专业术语"，并且也不一定一进门就要对目标人群说"看您天庭饱满，地阁方圆，一看就是帝王之相"。不做迎合的原因是商家"端坐在神坛之上"更方便骗消费者。

在做迎合更好的情况下，首先要确定的是选定的产品本身对于目标人群一般特质的针对性，如果产品自带针对性，比如针对慢性病的认知税保健品，这样的产品可以说大概率上和年轻的群体是绝缘的，年轻的群体一方面得慢性病的少，自己用得也少，另一方面大多不会买了送给老人，所以不管是在产品特质、宣传方式还是渠道上，产品专门迎合老年人即可，比如售卖渠道可以是具有偏向传统文化特质的，如电视购物等。如果产品本身不带针对性，那么又可以根据不同的特质打造出同一类别的差异化产品，比如减肥类认知税产品，本质上满足的是附带了错误认知的常规需求，错误认知包括认为可以局部减肥，或者能够在不伤身体的情况下快速减肥，这样的产品可以针对的人群非常广泛，所以可以根据不同的一般特质再打造出差异化的减肥类认知税产品，比如更偏向迎合男性群体的健身房类产品、更偏向女性+经济水平较高群体的美容院类产品、更偏向广泛群体的资讯类产品。

## 选渠道

对于认知税模式来说，在选定了目标人群和所处行业领域以后，要继续解决的问题，一是上哪儿找具有特定需求和特质的人，二是找到了又应该怎么吸引他们，具体来说就是渠道以及宣传方式。首先要确定的就是渠道，而宣传方式则作为可以灵活调整的部分，既可以配合目标人群的需求、所处行业的趋势以及渠道特性，也可以配合销售人员的临场发挥需要。因而对于渠道和宣传方式，本部分将统一以渠道为主线进行叙述。

### 渠道整体性质

渠道不需要单选，可以全选。实际上不管什么产品，几乎都会选择多个渠道，认知税产品大都在多个渠道有相应的销售和评价体系；而且很多认知税产品都会在被认为是非常正规的渠道销售，比如京东、天猫旗舰店，甚至大商场的实体店，为的就是反证自己的"合法性"。不过实际的情况都只是干扰因素，不影响我们看到认知税模式对于渠道的理解方式和重点关注的渠道。

由于认知税产品整体上的套路施展起来需要一定的空间，并且很多时候依赖于关系的建立，因此相对于消费者看到商品自行下单购买的自助式渠道，非自助购物的渠道与人是谁有着更好的适配性，也就是可以使用"触达—建联—沟通—转化"方法的渠道，比如线下、带线上客服的弹窗广告、搜索引擎竞价等，就算不与消费者直接进行沟通，也可以至少带有画面，以传达更多有利于自己的信息，如采用直播间、电视购物这样的渠道。至于自助购物类渠道，比如各大购物网站和App，虽然也在广泛使用，但会在一定程度上受限于具体的产品。

认知税模式选择非自助式购物渠道还与让步相关，因为建立联系之后的空间还很大，所以宣传和实际介绍的情况可以出现一定的偏差，比如宣传只说自己这边有个世外高人，实际跟目标人群一聊才说高人有"生死人、肉白骨"的能力，或者宣传说只要参加了自己的培训班考试必过，实际一聊才说是考试不过包退钱。当然这样的偏差并不必然出现，不过一定程度的偏差是可以被接受的，并且很有可能有利于提升认知税产品自身的真实度和可信度。所以用来触达消费者的渠道和宣传方式所展现的内容很可能只是认知税模式的冰山一角，既可能是为了夸大自己产品能力的断章取义，也可能是弱化了自己产品能力的一小部分套路，要在与目标人群建联后的沟通中才能看到套路的全貌。

同时由于认知税模式对需求和特质的选取具有一定的排他性，在茫茫人海中寻找目标群体成本过高的同时效果还不好，因而更重要的并不是哪儿人多，而是哪儿可能有更多贴合自身的需求的群体。在实践中，认知税产品不仅广泛地存在于主打购物的渠道，比如各大购物网站及App，同时认知税模式也将目光投向了本不是直接用来购物但对人群有针对性的渠道，比如弹窗广告和社交媒体，并重点关注了这部分渠道。

## 具有自身特色的渠道及理解方式

### 参照系

认知税模式无法使用的"理想"渠道，比如在可以找到戒赌人群的渠道中宣传网赌，一方面找到的人几乎都是具有需求的目标群体；另一方面，赌博作为单一特质可以直接忽略人的贫富、年龄、受教育程度、认知能力等一般特质，因而也不需要通过一般特质来指向目标人群的需求或者对目标人群进行二次聚焦。

谈及这样的渠道主要是因为它可以作为一个锚点，为认知税模式选取其他的渠道做参考。

### 竞品对标

竞品对标是认知税模式会选取的比较理想的渠道。指导思想就是竞品做什么自己就做什么，竞品在哪儿卖自己就在哪儿卖，认知税产品还会直接混入竞品内部。能这么做，与认知税模式的出发点是分不开的。由于认知税产品多采用短平快的路线，并且不依靠品牌溢价，因而就算卖得很好，很可能连品牌也不被消费者所熟知，更谈不上消费者对于品牌的忠诚度，当然认知税产品的目标人群并不是对认知税模式本身没有忠诚度，而是横向忠诚度较差，但纵向忠诚度较高，也就是说，同类的认知税产品目标人群买哪家真不好说，但他们对认知税类产品整体没有抵抗力。

消费者看到的认知税产品其实只有产品本身，即来自不同公司的认知税产品A和产品B，最大的区别要不就是同质化产品不同的价格、服务、包装，要不就是产品之间由微创新产生的区别，或者再退一步，不同公司的产品、价格、服务都差不多，只要借着一波风头，大家也都能分一杯羹。在同类产品都是认知税产品，而且品牌都可以被忽略时，即便认知税产品全方位抄袭竞品仍然能起到欺骗消费者的效果，唯一的区别就是谁先赢得目标人群的欢心。

### 与目标人群需求及特质有强关联性的渠道

认知税模式的目标人群是具有错误认知所对应需求，或者具有易被利用的状态特质的人群。从切入点也就是渠道入手就要降低一些要求了，方向大概可以分为以下三种：一是针对方便附带错误认知的普通需求和状态特质，比如能找到想治病、通过考试这样的人群的渠道；二是能找到对认知陷阱多发领域感兴趣的人群的渠道，比如前文提及的大健康、减肥、美妆护肤、母婴、影音、茶、酒等领域；三是再退一步，找到很可能出现前两种人群的渠道。

上述三种渠道通常就不是直接卖东西的，前两种就比如相关的论坛、贴吧、讨论组、社群，第三种就比如搜索引擎，这些渠道虽然不是专门卖东西的，但共同点就是能找到有需求的人，而只要人找到了，卖东西就是认知税模式的技术问题了。

### 本身暗示着排他性的渠道

电视购物、收音机和报纸等渠道就具有一定的排他性，当然排他性并不是说认知税产品只在这些地方宣传，而是从消费者的视角出发，具有一定的独占性。

通常习惯在这些渠道买东西的群体基本也只能接触到这部分渠道。如果有能力接触到更多的渠道，偏偏就选择在直播间买东西的人可能有不少，但偏偏就选择在电视购物和收音机渠道买东西的人就比较罕见了，所以选择这些渠道买东西的人群很大可能就是不会用手机、电脑的老年人，他们平常只能看看电视、听听收音机、看看报纸。而且不会用手机、电脑并选择在这几个渠道买东西也在一定程度上暗示着他们可能没有子女或者缺乏子女的关心、与现实世界脱轨、偏执己见。这些渠道面向的人群有这么多弱点，就连获取信息的渠道也极其有限，因此成了认知税模式梦寐以求的渠道。

### 不一定好用但亏本也会使用的渠道

不一定好用但亏本也会使用的渠道就是指合法合规的渠道，如实体店（大城市核心区域大商场的尤佳）、跟相关机构有关的渠道（比如在知名电视台打广告）、大购物平台的自营店和旗舰店等。认知税产品上这些渠道的原因不是真的希望在这些渠道能够大卖，而是作为一种宣传方式和背书，来反证自身的合法性和质量，方便进行权威压制和灵魂反问：如产品质量不行能在知名电视台打广告吗？这部分渠道虽然也能卖货，但实际上更贴近认知税产品的广告和宣传方式而非渠道。

## 整体布局

认知税在明确了所针对的需求和特质，适配性更好的行业、领域和渠道以后，接着思考的问题就是如何构建起整套系统来"收割"消费者了。这时候虽然各个环节已经基本明确，但整合在一起乃至于后续的运转还会涉及更加复杂多元并且矛盾交织的过程。在这个过程中，认知税模式会面临很多极性问题，也就是说，在问题产生的层面怎么做都有道理，比如对于上门维权的顾客，商家应该选择消失还是以守为攻，答案是不同情况下两种选择都有可能；还会面临很多难以把握程度的问题，比如把自己卖的保健品吹到益寿延年好还是长生不老合适；同时还会有互相交织的问题，比如怎样才能在红线范围内、套路表现力和成本控制中取得平衡。这些复杂交织问题的解决除了依赖认知税产品公司管理者的能力和境界，更要依靠所构建的认知税整体模式和驱动模式。

## 认知税的整体模式

如图 4-1 所示，认知税的整体模式很像一架飞机，概括来说，其指导思想是"一体两翼，双擎驱动"。"两翼"划定了认知税模式的生存范围，一方面其打造出的幻象会在套路的能力范围之内，比如把没有任何功效的糖水包装成在几个疗程内针对某种疾病具有功效的保健品，这是套路的能力所能够达到的，但比如把减肥药或者减肥神器包装成具有一个小时内瘦10斤的特效产品是套路能力所无法达到的；另一方面，认知税模式所涉及的领域和使用的手段会控制在自身的风险承受范围内，认知税模式对风险的理解具有自身的特色，风险承受的红线更偏向于犯罪和过度负面曝光，而非违法或者违反经营道德标准。认知税模式会根据划定出的生存范围选择自身涉及的领域、产品以及宣传方式。

在自身的生存范围内，认知税模式根据对人和规则的理解，打造出高速运转的两台引擎，分别是负责正向统筹打法的引擎和负责进行反向运营的引擎，两台引擎虽然运转时所采取的思路一正一反，但都服务于认知税模式安全而高效地运转，并为认知税模式的可操作空间以及应变提供了理论指导，使得看似固定的具体产品或者套路也有了变化的可能性。

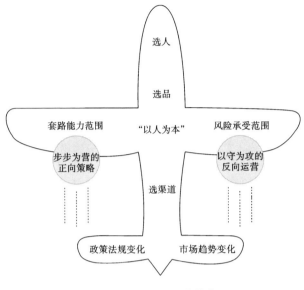

**图 4-1　认知税的整体模式**

认知税模式自身更新迭代的方向主要是由图 4-1 中尾翼所代表的政策法规变化和市场趋势变化决定的，比如在《禁止传销条例》出台后，部分传销类模式迭代为伪直销类模式，继续"收割"消费者；人工智能概念兴起后众多认知税产品"遥遥领先"于世界最前沿的科技发展水平，探索出了人工智能与实际生活相结合的种种"可能"。于 2023 年 5 月施行的《互联网广告管理办法》对于弹窗广告的限制，以及对健康、养生类软文与商品同一页面出现的限制，也会对认知税产品的表现形式造成影响。

在自身的生存范围内，基于对人群理解的动态模型，认知税模式选择了可以涉足的领域，并打造出了具有自身特色的渠道、宣传方式、运营方式和产品。以这样的动态模型为方法论，认知税模式不断跟随时代的潮流和政策法规的变化，升级自身的模式并以极快的速度更新迭代，在当今时代以极快的速度"收割"消费者。

## 驱动模式

驱动模式希望解决的是认知税模式的两台引擎如何进行运转的问题，如图4-1所示。认知税在构建出整体模式之后，如果想要顺利运转，需要解决的问题主要有两方面：一是如何应对过于复杂的人性；二是如何系统地应对遇到的风险。

通过"以人为本"的理念，认知税模式确定了什么样的人群是目标人群，他们有什么样的需求，通过什么样的方式能精准而高效地吸引这样的人群并对他们进行转化，使得认知税模式有了构建正向打法的理论基础。认知税模式以"先验指导后验"的思路进一步整合出了步步为营的正向策略，为应对过于复杂的人性而构建了系统的方法论，也就是负责正向策略的引擎。

认知税模式基于自身的出发点，选择了看待风险的独特方式，进而通过主动处理风险的思路构建出了以守为攻的反向运营模式，也就是负责反向运营的引擎。

如图4-2所示，认知税模式的两台引擎虽然依靠的思路一正一反，不过它们一同运转时，对内能够构建出高效的标准化流程和系统的机制，对外能够精准地筛选和针对消费者，正向和反向的思路相互交融使得认知税模式得以安全而高效地运转。

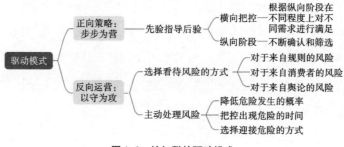

图4-2　认知税的驱动模式

# 正向策略——先验指导后验

正向策略为认知税模式解决的问题是如何系统地应对过于复杂的人性。由于认知税模式的基础逻辑和设计思路是"以人为本",可以说认知税产品就是对于人的错误认知及其所对应的需求和弱点的理解,虽然认知税模式从一开始就选择了更容易下手的人群,并一直坚定地以选定的人群为锚点选定行业领域和渠道宣传,但一方面人性的复杂远超笔者甚至所有人的理解,另一方面骗术被识破就算不是即刻的,也是早晚会发生的,因而认知税模式会以动态发展的眼光基于选定的人群通过正向策略制定打法。

认知税正向策略模式如图4-3所示,可以分为横、纵两个面向,横向由希望满足的主要需求与延伸需求和对需求满足程度的把控共同构成,而纵向则代表了从先验到后验的不同阶段。横、纵两个面向的变化是相对应的,当处于某一特定阶段,也就是确定了纵向时,横、纵两个面向相交互,确定的是一个面,代表了该阶段希望满足的主要需求与延伸需求,以及对需求满足程度的把控。

## 纵向把控

纵向是认知税模式比较具有自身特色的部分,本质上是从先验指导后验的人群把控思路,与看八字、星盘和做心理测评的思路有一些相似之处。通过比较认知税模式的整体思路和玄学服务以及心理测评的思路,我们可以更深刻地理解认知税模式的思路。

从本质上说,不管是认知税模式、玄学还是心理测评,它们都构建了用来认识

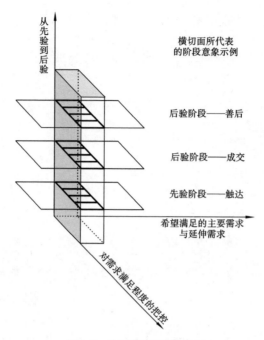

图4-3 认知税正向策略模式

人的模型，只是在维度、细化程度和面向上有一些区别。玄学构建的模型，比如八字和星盘，是相对维度最多，也最细化的模型，同时在面向上也几乎没有限制，不管是想了解一个人的性格、家境、能力、外貌，还是想了解过去发生的事、未来发生的事，可以做的内容非常丰富。心理测评在维度和细化程度上就要差一些，并且几乎总是选取特定的面向，比如是了解一个人的心理健康程度、领导力，还是职业兴趣、胜任力等，较为简单的测评拟合出两个分高低的维度，将所有人分成四类，就能对特定面向产生一定的参考意义。

认知税模型可以分为两部分，基础部分是本章关于"选人"的部分，基于"选人"部分对于人群的选择和理解，又通过图4-1所示的认知税的整体模式的整合，一起通过错误认知、需求和特质构建出一个面向很单一的模型，用来认识和利用消费者的认知弱点。

从过程来说，玄学类服务都有一个习惯，那就是需要先验证过去发生的事，然后再预测未来的事以及提供指导意见，目的一是做一些矫正，二是过去的事说对了对方才有理由相信关于未来的事。心理测评也是类似，需要先阐述对于人细分特质的理解，再做拟合，然后提出自己的看法和对未来方向的指导。概括来说就是先验指导后验。

下面我们具体来看从先验到后验的过程。先看先验的设计，玄学服务和心理测评的先验过程是这样的：首先需要消费者提供自己的生辰八字或者做测评，然后再对人的各个方面或某个方面作出判断。在这个过程中可能会出现两方面的问题。一是如何确定自己拿到的消费者的信息是真实的。玄学在这方面有得天独厚的优势，因为其所需要的信息是固定的，天地宇宙运行规律并不随个人意志而转移；而心理测评则不然，但凡是需要填表的，也就是自陈式的，都会有信息失真的问题，虽然可以通过测谎题、迫选等方法来做一定的把控，但仍然可能出现一定的偏差，要确保拿到信息的真实性可能要用到按键实验，因为神经反应也不随个人意志而转移。二是由于主观想法的差别和自身的期望，消费者对于先验的结果可能需要较多的澄清，比如看完八字谈到情感问题，命理师说"你不爱他了"，消费者可能知道但难以接受，也可能真的感觉命理师说的不对，这时候命理师就要做澄清，看看是由于消费者信息不太确定，还是什么原因导致出现了一定的偏差，或是主观看法上的差别。

而认知税模式的先验过程是这样的：首先通过渠道和宣传方式来阐述自身对于目标群体的一部分理解，以及目标群体现在由于特定需求无法被满足而产生的困扰、之前尝试满足特定需求但是失败了所带来的痛苦，当消费者有兴趣了解认知税产品，与认知税模式建立联系时就可以视为通过先验过程。相对于心理测评，认知税模式不需太过担心拿到的信息是否真实，因为消费者通过认知税模式选定的渠道和宣传方式看到的内容本身就是具有排他性的，看了还愿意主动来了解的就八九不离十了，对于先验的结果也不用做太多澄清，因为消费者愿意来了解就是认可了先验的结果。

先验完后就要过渡到后验了，对于玄学服务和心理测评来说，后验其实并不必然存在，因为很多时候只要能帮助消费者更深刻地了解自身，如自身的某一个面向或人生发展的全貌，就足以让消费者为之买单了，消费者不一定需要对方再提出指导意见或者调理方法，更别说去看调理完后的效果了。而认知税模式要有先验过程，就是为了做后验，后面得制造出能够满足目标群体需求的幻象才能拿到钱，先验的过程是隐性的，目标群体的感觉是"终于找到需要的产品了"，"商家真的很理解我的想法和困扰"，"这个产品还就得通过这些渠道才能找到"。

从先验到后验的整个过程中，每往下走一步，认知税模式就更加确认目标群体确实与自身的设想相符，根据其所确认的信息，会推导出下一步目标群体可能有什么样的需求、需要被满足的程度大概范围在哪儿、可能有什么顾虑，直到成交乃至善后阶段。

之所以说从先验指导后验是对目标人群的把控，主要是因为在这样的过程中，既包含了对消费者的筛选，也包括了对目标人群的精准认识和吸引。筛选的过程以人的错误认知所对应的需求为筛选核心，从先验到后验，每一个细分的阶段，就是对消费者需求的一次不同面向的确认，只有通过反复确认的消费者才会走到成交的阶段，从最开始的触达部分到成交的每一步都有一定比例的漏损，这是必然的，也正是认知税模式所希望的，因为这才是效率最高也是最可控的方案，向没有其所针对的特定需求的消费者推销认知税产品不仅成本过高，还会产生众多不可控因素，可能导致自身无法善后，因而需要筛选掉这部分非目标群体。而对于目标群体，认知税模式则会表现为能够精准地看到和理解他们的需求，设身处地为他们着想，并最终提供能够满足他们特定需求的产品。认知税模式能够在筛选掉非目标群体的同时吸引目标群体，本质在于其所针对需求的排他性，可谓是"彼之蜜糖，吾之砒霜"。

## 横向把控

横向代表了认知税模式对处于每个阶段的目标群体的理解。总的指导思想有以下两方面：

一是虽然最终要满足的是错误认知所对应的需求，但满足前置需求，比如消费者的需求被看到和被接纳，以及延伸需求，比如消费者的困扰有了解决的希望和潜能可能被发掘，对认知税模式来说也同样重要。认知税模式想要过渡到最终满足错误认知所对应的需求，很可能需要首先满足不同阶段的前置需求和延伸需求。

二是每个阶段希望满足的需求虽然是相对确定的，但需要被满足的程度却并不是确定的，对于最终要满足的错误认知所对应的需求，多数认知税模式只会宣传自身可以退行性地满足消费者的需求，多数消费者也并非真的相信自身的需求可以被100%满足，比如当"人定胜天"对应的是疾病的治愈时，认知税模式既可能在程度上退行，宣传需要一定的治疗时间，不是短时间就能看到效果的，也会在可能性上退行，宣称自己的产品不能针对所有消费者，需要满足特定的条件。退行性的满足也是认知税模式取信于消费者的关键。

对于前置需求和延伸需求，由于多数是被看到、被接纳、被关爱、被认可这类通过话术就能满足的需求，所以理论上来说，认知税模式是可以完全满足这些需求的，只是认知税模式会根据实际情况考虑要不要这样做，比如自身是包装成为具有神秘色彩的"大师"，还是对所选行业充满激情的直销员。

对应到具体的细分阶段，以先验阶段中的细分阶段——触达为例，此时目标人群需要满足的需求就是自身的困扰被看到、自身的期望被理解，以及自身的境况被关怀，满足这些需求的手段就是宣传。具体对应到"自身的困扰被看到"，可能会是直接的困扰，比如您是否饱受糖尿病的困扰？也可能是间接的困扰，比如您是否被大医院告知需要终身服药？并延伸到具体的并发症，比如糖尿病足、眼部病变、皮肤瘙痒等，以及具体的不便，比如需要每天打针等；具体对应到"自身的期望被理解"，可能会是您是否一直在寻找彻底治愈糖尿病的方法？您是否上过很多声称自己能治愈糖尿病商家的当？具体对应到"自身的境况被关怀"，可能会是专门针对某一类型的糖尿病，也可能会是保障手段，比如不成功不收费、无效全额退款、全程专人指导，还可能是关于治疗的机理，比如别的商家语焉不详，认知税模式就按照某种逻辑完整地介绍给消费者听，别的商家都用中药/生物制药，认知税模式就用藏药/苗药，目的就在于选择目标群体认可和能够理解的机理。

  本阶段需求的满足会达到什么程度主要取决于渠道而非消费者，因为在这个阶段，认知税模式还没有和消费者建立联系，消费者满足的程度会更多地与渠道特质相匹配，比如在弹窗广告上宣传内容几乎不受什么限制，但在购物网站上，宣传内容就要考虑审核因素和网站调性了。当目标群体满足程度较高时，会体现为反智或者过度共情，比如"给我三个月时间，还您一个健康的胰腺"，"我不允许还有家人们不知道某产品"；当满足程度较低时，宣传能达到的效果和所针对的需求仍然离谱，但宣传方式会接近正规模式，不过很多时候认知税产品的宣传会以社会责任、公益、回馈社会等噱头进行代偿，可以算是反智和过度共情的一体两面。

### 横向与纵向相结合

  当消费者通过了触达阶段的"考验"，进入建联环节时，贩卖认知税产品的公司就已经对消费者的认知水平和认知上存在的问题有了一定的了解，比如消费者对于现实世界的认知是存在弱点的，毕竟都敢相信糖尿病可以在短期内被彻底治愈，还能相信有公司会为了履行社会责任宁可不挣钱，听了这些还愿意继续了解产品。那么对于这方面的认知弱点，在建联以后，该公司就会更详细了解消费者的情况，根据实际情况加入更多对应的细节，比如对消费者宣传如何定义治愈、治愈后身体健康如何维持、公司亏的钱是如何进行弥补以维持运转的，并在重复中不断调整程度和方向，摸清消费者认为通过什么样的方式突破现实世界的客观限制比较"合理"，以及能相信到什么程度，比如是能相信糖尿病三天内就能完全治好永不复发，还是三个月才能慢慢好，后面是否还要注意饮食和运动，进而采取有针对性的手段，当然这是建立在认知税产品的宣传和解读方式非常灵活的基础上的。

在进入建联阶段后，虽然贩卖认知税产品的公司基于在触达阶段对消费者的了解，进而根据实际情况在不同程度上满足了消费者在建联阶段的延伸需求，更加精准地针对了消费者的弱点，但部分消费者的认知仍然有可能在建联阶段"觉醒"，因而没有成功进入成交的阶段，这时只要从建联进入成交阶段的消费者的比例在预想的范围之内，贩卖认知税产品的公司就会直接放弃没有通过"考验"的消费者，因为从建联到成交有漏损实属必然，如果从建联到成交的消费者比例低于预期，那么贩卖认知税产品的公司就会更多地思考"选人"部分的问题和话术的问题了。当然如果消费者连触达阶段的"考验"也没有通过的话，贩卖认知税产品的公司同样会思考比例问题和"选人"及话术问题。

当横向与纵向相结合时，认知税模式就构建出了立体而动态的理解目标人群的模型。这样的模型有以下几方面的特点：一是抛弃了"有钱人都是怎么样的"这种实操价值很低的排他性刻板印象，将消费者的需求、特质、弱点等零散的参考信息进行了有效整合。二是对套路进行了有机的拆解，一方面减少了需要猜的部分，因为如果在前一阶段认知税模式没有满足消费者希望被满足的需求，消费者就不会进入下一阶段，而能够进入下一阶段就说明消费者是与认知税模式的设想相符的，虽然能否走到成交的阶段还与沟通话术、消费者的急迫程度以及众多不可控因素有关，但这就变成技术和比例问题了，而且认知税模式也从没打算攻下每一位进入套路的消费者；另一方面，能够拆解的路径为标准化流程和机制的建立打下了良好的基础。

三是这样的模型为认知税模式所涉及的不同产品、渠道及宣传方式预留了足够的可操作空间。

## 反向运营——以守为攻

反向运营帮助认知税模式解决的问题是如何系统应对所遇到的风险。要想解决这样的问题，首先要明确以下两点：一是如何看待风险。对风险不同的看待方式划定了不同的风险承受范围，进而指向了风险和收益的博弈中不同的平衡点。二是如何看待运营的主体。由于认知税模式不依托于具有一定持续性的品牌、公司和产品，因而认知税模式运营的主体其实是创始人及其团队，在这样的情况下，具体产品和暂时依附的公司和品牌所遇到风险与创始人、创始人团队所遇到的风险其实没有必然的联系，也就是说，对认知税模式来说，只要创始人、创始人团队还能活跃在市场上，没有被列为重点关注对象，那么其余因素都不是那么重要。当创始人及其团队与产品、品牌和公司能够在一定程度上脱钩时，认知税模式的运营就有了更多的可能性。

在明确了看待风险的方式和运营主体后，认知税模式通过主动处理风险构建出"以守为攻"的反向运营模式，如图4-4所示。

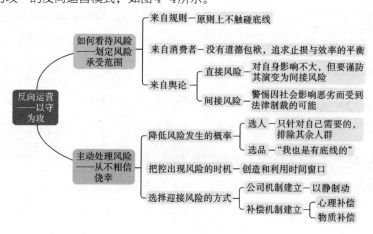

图4-4　认知税反向运营模式

## 认知税公司如何看待风险？

虽然经营所面临的风险具有一定的相似性，但看待角度的不同会带来不同的承受能力和处理方法。认知税模式首先思考了应该如何看待风险，并且能够主动去发现和识别风险，结合自身特点选择看待风险的角度，是主动处理风险的基础。

对于来自规则的风险，认知税公司看待的角度是"原则上不触碰底线"，有几方面的原因，贩卖认知税产品的公司一开始就没打算铤而走险，触犯《刑法》，设计的套路和整体的模式还是为了避免犯罪的，认知税模式是希望利用自身的"聪明才智"在正规经营和铤而走险中取得"平衡"，走出自己的路。因此从正向思路开始在风险控制上就尽力把自己的产品及经营模式放在合规的范围内，并且对于自己合规的方面一般都会进行大肆宣传，并常对消费者做反问："我们的产品是符合国家标准的，公司也是合法的公司，你有什么资格说我们是骗子？"

不过认知税模式对来自规则的风险还是有较高的宽容度，因为它对规则风险采取的是反面理解，也就是肯定不会做最直接、最明确的有风险的行为，至于间接的风险，会在下文详述。在这样的思路下就产生了一些具体的处理方法，比如在利用时间窗口时，只达成"暂时合规"，把风险控制在自身可以承受的范围内；在"以静制动"机制的使用中，只达成"公司层面合规"，也会落在自身的风险承受范围内。

对于来自消费者的风险，认知税公司看待的角度是"没有道德包袱，追求止损与效率的平衡"。认知税公司在面对来自消费者的风险时具有很大的优势，因为认知税产品的消费者都是通过正向思路重重筛选出来的，从选人到选品，再到正向打法，每道关卡都能很有效地过滤掉一部分非目标人群，最终结果就是整体系统组成了一个精密的漏斗，在"真实有效的结论一定会得到反复验证"的指导思想下，既保证了足够的冗余，反复确认以避免非目标人群误入带来的麻烦；又细分了颗粒度，考量不同维度以确保经过筛选后的目标人群绝不是因为一时冲动才陷入套路的。

在通过漏斗的层层筛选以后，多数会为认知税模式带来风险的消费者都被筛选掉了，而剩下的那一小部分消费者，认知税模式基于对他们的深刻理解，并遵循"人总会重蹈覆辙"的原则，为这一小部分消费者量身定制了适合他们的方式，比如搭建起"以静制动"的机制等着他们上套，又以归因系统为他们提供虚假的心理补偿。

对于来自舆论的风险，认知税公司看待的角度是"对自身影响不大，但警惕因社会影响恶劣而受到法律制裁的可能"，这也是其所面临的最为微妙的风险，认知税公司会重点思考程度的把控问题。

来自舆论的风险可分为直接风险和间接风险。

就直接风险而言，贩卖认知税产品的公司其实是不畏惧自己的产品被辟谣或口碑极差的，也就是说，它不畏惧舆论所带来的直接风险。首先，它对消费者没有道德上的顾虑，它只怕自己挣不了钱；其次，被辟谣就相当于有人帮它对目标人群做反向筛选，"这个产品真的好所以才买"，这种消费者才是认知税模式不喜欢的；再次，产品被辟谣正好可以作为它颠倒黑白的契机。

但它为什么只是不畏惧直接风险呢？因为随着舆论的负面程度加深，并得到更多的曝光，还会产生间接的风险，而负面社会影响也会指向来自规则的风险，所以认知税模式选取了相应的应对措施，比如利用"时间窗口"来主动把握时机，避免负面舆论发展的可能，又可以利用"以静制动"的机制，至少在明面上撇清关系。

间接风险是由于负面舆论的过度曝光产生的，主要会表现为社会影响方面的风险。

社会影响方面的风险是什么呢？首先还得从来自规则的风险说起，也就是违反了法律法规而被处罚，而社会影响方面的风险就是虽然没有到直接触犯法律法规的程度，但由于产生了恶劣的社会影响，因而受到重点关注。

不同的认知税产品所产生的社会影响很可能是不同的，并且会随曝光的程度而发生改变，比如对于常见的认知税产品，插汽车点烟口的"节油器"，如果能做到不影响行车安全，社会影响可能不会很恶劣；而对于常见的另一种认知税产品，面向老年人口头宣传的"包治百病神药"，社会影响就很恶劣了，因为虽然这种产品吃不死人，但会耽误老年人疾病的治疗，而且还会骗走老年人的"棺材本"，在没有留下欺骗老年人的白纸黑字的证据情况下，就算老年人不主张自己的权利，但如果社会上有一定的声音，这样的认知税产品仍然会受到相关部门的重点关注和调查，并最终因为自身天然存在的漏洞而依法受到应有的制裁。

因此由于负面舆论的过度曝光产生的恶劣社会影响，可能同样会指向来自规则的风险，为认知税模式带来间接的风险。

## 主动处理风险的思路

在面对风险时，除了选择适合自身的看待角度，认知税模式还一直以非常现实的角度来主动解决问题。认知税模式深谙"危险只要存在，最终就必然会发生在自己身上"的道理，既然风险无法避免，那么它要做的事情就是两个：一是尽全力降低风险发生的概率；二是选择自身迎接风险的最好方式。

对于降低风险发生的概率，认知税模式在构建自身独特的模式时，风险控制就是基石之一，不管是在选品上的克制、反向筛选的加入，还是正向打法的把控，都在尽力降低风险发生的概率，因此贩卖认知税产品的公司面临风险的概率已经在多重努力下降到了自身所能够承受的范围，这也是它选择迎接风险的方式的必要基础。

对于选择自身迎接风险的最好方式，认知税模式是具有大局观的，把控的方式可以通过正反两个角度展开。正面来说，相比起具体的手段，认知税模式知道建立机制可以更好地提高效率，并方便建立标准化流程，具体表现在公司的组织架构和合同流程都采用"精妙"的防御性设计，日常运行能产生极高的维权成本，可以劝退大部分想要维权的消费者，并能够达成公司层面的合规，构建起"以静制动"的机制；反面来说，认知税模式会警惕直接陷入具体的方法中，而忽略可以一步到位规避风险的方法，具体体现在对时间窗口的利用上，在需要的时候认知税公司可能会直接全身而退，甚至不需要应对具体的风险。

从具体的方法上来说，给予补偿在所难免，但一方面要尽量止损，另一方面又不会因为追求止损而影响效率。下面两种手段比较好地平衡了止损与效率。首先认知税模式会遵循"目标用户永远都会重蹈覆辙"的规律，为消费者提供虚假的心理补偿，理论上经过漏斗筛选的真实用户用真金白银确认了他们一定会吃这套，实际运用上由于可以流程化操作，也非常高效，甚至还可以让目标群体再被骗一次；在不得不给予消费者物质补偿时，又以"按闹赔偿"构建了一道防线，让消费者自己主动展现自己的追偿能力，然后再以此为基础来进行止损，公司要不要赔偿、赔偿多少由消费者自己来争取，不需要赔偿的一分都不赔偿，以此同样可以构建起标准化的流程，共同保障风险的高效处理和有效止损。

在主动处理风险的思路下，认知税模式既主动拥抱了风险，也尽力降低了风险发生的概率，并选择了迎接风险的方式，通过"以守为攻"的方式保障了认知税模式的高效运转。

### 降低风险发生的概率——选人、选品

认知税产品之所以长期存在,而且底层的销售员多数没挨消费者的揍,公司的管理者多数也没受到法律制裁,离不开该模式在选人和选品上所做的细致的工作。从底线上来说,如果选品明显是违背法律法规的,或者选人时没有采用有效机制筛选掉大部分会惹麻烦的人,那么认知税模式下的产品所产生的风险也就无从应对了。

### 把控风险出现的时机——时间窗口

创造和利用时间窗口,关键在于把握和创造有利于自身的时机,与反向运营模式"以守为攻"的思路一脉相承。认知税模式对于时间窗口的运用,既可能与下文中的"以静制动"、归因系统和"按闹分配退款"等手段搭配使用,也可能单独运用,其本身在运用时有一套完整的逻辑,如图4-5所示。

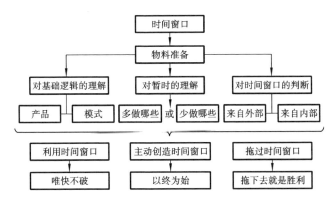

图4-5 认知税模式运用时间窗口

认知税模式对时间窗口的运用必须要做充足的物料准备。需要的物料主要有三方面。

一是对基础逻辑的理解。基于认知税模式看待产品的方式，以及看待风险的方式，时间窗口才成了认知税模式应对风险的方式。

二是对暂时的理解。暂时是时间窗口的精髓之一，因为利用时间窗口需要的仅仅是暂时，而什么事如果要求只是暂时的，不管是暂时让大家信任它，还是暂时让它的问题别暴露，都会大大降低应对风险的难度，当然这需要一个小小的前提，那就是认知税模式确实舍得对自己"下狠手"，说暂时就真的是暂时。

那么理解了什么是暂时，对应到认知税模式的具体做法，简单来说就是会做"一个多"或者"一个少"。"一个多"代表认知税模式会多使用饮鸩止渴的方法来赢取消费者的信任，并有效地反证自身的水平和信心，比如认知税公司会宣称消费者买了产品，就按周终身送配件或无效10倍退款，然后在"暂时"的阶段里，配件会按时保质保量送出，无效退款也按约定秒退，当然此时认知税公司很可能会先把无效的原因与产品本身撇清，比如某消费者还没吃上公司的产品就先去世了，但公司仍然按无效来处理，给消费者10倍退款，同时会铺天盖地宣传公司的"善举"。"一个少"代表认知税模式会少做售后、客服、品控这些卖出去以后的事儿，光速开卖，卖出去后公司就会直接消失，或者撑到第一波热度过去、开始形成负面舆论攻势时就消失。其实多和少就是"暂时"一体两面的具体化手段，如何选择主要取决于产品是什么，通过什么渠道销售，目的就在于把"暂时"的优势最大化。

三是如何对时间窗口进行判断，答案就是要结合自身特点。自身特点也就是认知税模式的基础逻辑，从基础逻辑来看，有价值的时间窗口按来源可分为外部和内部因素两种。外部因素主要包括行业还处于蓝海的时候，认知税模式刚发现某种套路但监管还没跟上，审核较松的平台，所依托或者模仿的东西或者人热度高，暂时还没法律法规方面的风险，民众还未熟知某类骗局，经济形势正好或者正不好；而内部因素则可以是暂时留住了一位"业界大佬"，骗到了一批暂时没醒悟还很认可产品的消费者，刚想出一个紧跟形势的绝妙套路，由于产品特质和宣传，产品缺陷暂时还未暴露，等等。

那么物料备齐了，认知税模式会怎么用呢？可以简单分为三种应用方法。

第一种就是利用时间窗口。对于来自外部的时间窗口，主要利用的是刚发现的某种套路但监管还没跟上、审核较松的平台、所模仿的产品热度高等，认知税模式依托的是自身无与伦比的即时反应能力，这正是认知税模式独特的优势，因为它们不研发、不做耐久测试、不做售后，这样就能保证自身在实践中真的可以光速吃下时间窗口下的第一波红利。当监管跟上，或平台审核不再宽松，或所模仿的产品热度消退时，认知税公司早就已经离开这个方向，而且很可能已经在新的领域生根发芽了。

第二种就是主动创造时间窗口。作为更激进的方式，认知税公司会主动采取以终为始的思路，以"只干一票就跑路"进行反推，虽然这类公司仍然会寻找最佳的时间窗口，但对于什么时候撤更有主动权，而且在撤之前的成本更低。当然跑路并不是说创始人及团队要亡命天涯，而是通过注销公司、关闭网店等方式，试图将事情变成一笔糊涂账，方便自身浑水摸鱼，逃过法律追责。

第三种就是拖过时间窗口。认知税模式会试图拖过对消费者有利的时间窗口，或者说消费者能承受的时间窗口，利用的是消费者和认知税公司在时间成本考量上的差异。比如打官司，下一次开庭的时间是明年，那么消费者和认知税公司对这件事情的想法可能是大相径庭的。

**消费者**：明年！第一次开庭是去年，因为材料不全没有什么进展，照这么算，这点事儿不得打三五年官司？

**认知税公司**：这么早就要开庭？看来上次提出的管辖地异议申请也没拖延多长时间，还得看看有没有什么别的法子，反正公司最不缺的就是时间。而且等到判决的时候，公司都"倒闭"了，网店也早赔完保证金"跑路"了，这样一来要想搞明白这笔糊涂账至少要比正常流程时间加倍，绝大部分消费者肯定耗不起，公司拖下去就是胜利。

### 选择迎接风险的方式——以静制动

#### 公司机制建立

认知税模式希望通过组织本身的力量和机制的设计建立有效的威慑力，通过极高的维权成本劝退大部分想要维权的消费者，同时这种机制的设计不仅能对外针对消费者，还能为对内建立标准化流程和控制合规程度提供理论基础。通过公司机制的建立，认知税模式试图达到"以静制动"的效果。

首先，认知税公司能够认知和了解公司作为组织本身的优势。比较微妙的地方在于个人和公司做同样的事，很可能会有完全不一样的结果，比如最简单的经济赔偿，个人更多时候会承担无限责任，而公司有可能根据注册时的选择承担有限责任，并能将这部分放在时间窗口上来应用。

鉴于这样的情况，认知税公司把公司作为一个组织的优势发挥到了比较极致的程度。一方面作为公司巧妙地运用了上文所述的时间窗口，另一方面就是在公司层面设计了组织架构和运行规律，在对内和对外使用的过程中，试图形成对消费者的有效威慑，并提升自身的运营效率，如图4-6所示。

认知税模式在使用公司作为组织的优势时，首先准备了物料，也就是设计了组织的架构和遵循了基本的公司运行规律。

先说组织架构，简单来说就是不管认知税公司一共有多少人，一定会把岗位设得非常复杂，纵向是层级数量，比如销售代表—组长—经理—总监，横向是同级岗

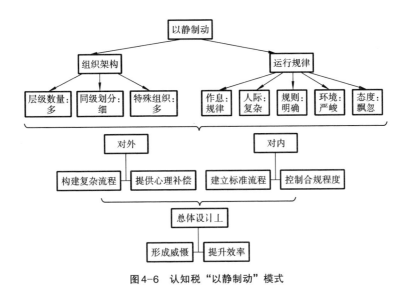

图4-6 认知税"以静制动"模式

位划分的精细程度，比如客服就可以分为售前和售后，产品A的和产品B的。认知税公司在组织架构横纵两个层面上会尽可能复杂。同时认知税公司还很可能有凌驾于普通组织架构之上的特殊组织，比如大健康项目组，反正就是一个员工可能兼任多个岗位，但是岗位本身并不会少。

再来说运行规律。首先是作息上，整个公司会严格遵循朝九晚五的作息，中午还得午休两个小时，包括在朝九晚五里（消费者购买产品之前是二十四小时无休），财务上班就更"规律"了，每周至少得请个三四天假。作息上偶尔还会进行反转，很可能会在需要进行配合的公司、机关人员下班的时候"加个班"，主要目的是和维权的消费者形成作息上的冲突，以便应付消费者："我们都是努力去帮您解决问题的哦，亲，但是对方下班了我们也没办法。"

其次是人际关系上，公司虽然不是大公司，但"得了大公司的病"，里面员工关系"表演"得相当复杂。说和睦吧，当消费者想要解决什么问题，一开始肯定会遇到公司内部其他员工的不配合，消费者想办的事儿肯定办不了；说不和睦吧，内部的困难又可以克服，还是能继续把消费者想办的事情的流程走下去一点的。除了

"大公司的病"，"小公司的病"一般也不会落下，像老板的亲戚干财务这类事情也肯定会有，员工对消费者常用"我们也想帮您，可实在得罪不起财务啊"这类推托之词。

再次是规则，公司的规则是相当明确的，不管遇到什么纠纷都会有早就准备好的看似离谱但又让人没法直接报警的规定。消费者要求7天无理由退货，公司会说"没问题噢，不过按公司规定需要您提供国家权威部门的检验报告"；包过班的消费者只考了35分要求退全款，公司会回复说："我们的确是不过退全款的，但按公司合同规定只有考45—50分才能退哦。"

第四是外界环境，在认知税公司口中都是非常严峻的，今天市场不景气，明天原材料涨价了，后天又爆仓了，反正一年365天有366天都有负面的原因或者不可抗力的情况。

最后是态度，认知税公司对于消费者的态度一般会很飘忽，因为要不根本就是一个人分饰多个角色来应付消费者，要不就是传统的红白脸套路，想不飘忽都不可能，遵循的是先虚构困难后假装解决困难，以及拖延时间的逻辑。

对外使用

组织架构和运行规律的设计，很大程度上是为了能排列组合出足够多的套路而服务的，进而对外形成足够的威慑力。具体来说就是会用这些物料来打造复杂的内部流程，反正不管消费者要解决的是什么样的问题，都得从最底层开始往上审批，同级都同意了才能往上走，终于走到大领导审批环节，还得财务执行，这时候要不财务没上班，要不银行就下班了，而且这中间有一个环节审批不通过那事情就没办法解决。

另外还有组织架构和运行规律来添砖加瓦，因为同级的人多，上级的人会更多，还有特殊组织直接进行降维打击，作息上消费者上班公司也上班，消费者还没下班公司就已经下班了，就算能找到客服，可能一会儿就不回复了，一会儿又来了一个表现得特别积极想为消费者解决问题的客服，但又会因为公司的规定什么问题也解决不了，聊起来了该客服还会吐槽，说公司所有人工作的主要目标就是让对方做不了自己的工作，他也是有心无力，好心的消费者还得安慰他几句。

这些刻意构建出来的复杂流程，并不是为了解决消费者的问题，但在这样的维权过程中，认知税公司其实给予了目标群体相当的心理补偿，并且还成功转移了矛盾，同时这个冗长的过程成功地替公司拖延了时间，为认知税公司创造了有利的时间窗口，比如等消费者折腾完这套公司内部流程后发现被骗真去投诉、起诉时，公司已经注销了，或者是7天无理由退货期已经过了。这样复杂的流程还消耗了消费者大量的心力，帮助认知税公司回避了矛盾最激烈的时期，后面消费者气也消下去了，也觉得维权太费时费力了，之前想要解决的事情就可能不了了之了。

此处有三个问题需要深入剖析：

一是走公司内部流程为什么能给消费者带来心理补偿，又是怎么给的？

前文曾多次通过不同角度剖析认知税公司的目标群体，现在还要再加上一个角度，那就是目标群体在知道自己上当受骗以后，其实仍然不知道自己要的是什么，很可能会在"不争馒头争口气"和必须不择手段追回损失之间来回摇摆，而这就给了认知税公司可乘之机，因为应对"不争馒头争口气"就是它的"拿手好戏"。具体操作就多种多样了，比如可以让公司员工从下到上对准备维权的消费者疯狂道歉，同样的话从不同的人嘴里说出来在目标群体看来它还真就不一样，"大总监都亲自跟我道歉了，大家也都挺不容易的，要不就算了吧"。再比如还可以对准备维权的消费者演黑白脸，演一出大总监臭骂小职员，小姑娘都给骂得直哭，这够不够解气？在这样的操作下，很多消费者得到了心理补偿就忘记了物质补偿，或者突然有了恻隐之心，认知税公司所面临的问题就这样被解决了。

二是为什么要认知税公司要转移矛盾，矛盾又转移到谁身上了呢？

要转移矛盾是因为消费者和公司之间的矛盾要不很难解决，要不公司就得赔钱，操作空间比较小，但如果把矛盾转移到消费者和外界之间、消费者和销售之间、公司内部员工之间，操作空间就大了，在目标群体解决争端的目标都在摇摆时，很多时候事情就可以大事化小，小事化了了。所以矛盾转移给谁也就很明确了，认知税公司的思路就是只要公司撇清干系就行了，这一点经常会在消费者觉得心理补偿还不解气时配合使用。

最常见的是把矛盾转移到消费者和外界之间，如将矛盾归咎于大环境，先对消费者说明原因，经济形势不好/原材料涨价/爆仓等等，然后再说明公司做了什么，再加上一句请理解或谅解，最后再给一点微不足道的补偿。这种方法用来应付一小部分消费者已经足够了，而对于剩下的大部分不接受公司的托词和补偿的消费者，认知税公司就会试图站在道德高地上解决问题。

虽然通常用大环境的问题做借口根本就是胡扯，并且就算是真的，也跟消费者的损失没有直接的联系。认知税公司的逻辑其实很简单，只要因为大环境的问题让公司亏了1元，公司就要采取某种手段让消费者至少多花1.5元，最后再赔给消费者1毛，这样里外里还能多挣4毛。但公司同时还会强调，消费者多付的这1.5元是出于自愿，而公司赔偿的1毛属于史无前例的善举。通用话术如下：您看这也是由于xx原因，所以公司才xx，我们也想xx/也不想xx，要不我们破例为您申请一份补偿/自掏腰包给您补偿，您的心情我们也理解，也请您理解一下我们。这时候一部分消费者就会掉到公司的话术陷阱中，这样就很难拿到应有的补偿了。还有一部分消费者醒悟过来了，决定把公司和消费者的权责划分清楚，但由于前面认知税公司已经给消费者戴上高帽了，也就是假装要不消费者是他们的股东，有极高的站位，要不就是真正的大善人，而摘掉高帽对于其中一部分消费者确有一定的困难，这就又去掉了一批维权的消费者，最后剩下的消费者由于敢于摘掉高帽以及说出事情的真相，偏离了"中庸之道",又会输在舆论上,"毕竟大家都不容易,各退一步海阔天空嘛"。所以,只要几句话就简单地把矛盾从公司和消费者转移到外界和消费者了,本来的大麻烦就可能被一层层化解到可以不了了之的程度。

再比如设立客服但客服在公司规则下又什么都解决不了,就可以成功地把公司和消费者的矛盾转移到消费者和客服之间,消费者的问题没解决,但客服也起到了承受消费者怒气的作用。

此外还可以将矛盾主动进行转移,将消费者和公司之间的矛盾变为消费者和销售之间的矛盾。

三是认知税模式为什么要消耗消费者的心力?具体又是怎么设计的呢?

要消耗心力是因为认知税公司设身处地站在消费者的角度模拟了遇到纠纷时的做法。直接不追究的这部分消费者,认知税公司肯定不会给补偿;剩下的消费者都会通过各种方式,或多或少愿意耗费心力甚至金钱和关系来解决问题,但他们愿意耗费的心力是有限的。多数消费者尝试解决问题的第一步就是找公司,具体来说就是找客服、销售、前台,要是公司里的员工都直接消失了,而消费者又在气头上,矛盾很可能就要上升了,会给认知税公司带来更大的威胁,所以认知税公司既可能计算好时间窗口提前跑路,也可能遵循以静制动的策略,在原地等着消费者找上门,用准备好的套路把消费者的气儿卸掉,再继续经营一段时间。

那么消耗心力具体的设计逻辑是什么呢?认知税公司的指导思想主要有三点:一是整个流程会非常复杂,不能让消费者一下就摸透了,要不拖不了多久;二是不会沟通得太顺畅,但会和消费者有持续的沟通,给消费者解决问题的希望;三是实际问题指定不会解决,但会制造问题解决了一部分的假象,所以会先虚构困难,然后再解决掉虚构的困难,造成公司确实在帮助消费者解决问题的假象,最后却并不真正解决消费者的问题,而是用话术继续欺骗消费者,或者用很小的代价敷衍消费者。

对应到一，基于组织架构和运行规律所构建的流程已经非常复杂了，能拖多久还要取决于二和三。

对应到二，不顺畅但持续的沟通主要由横向和纵向层级、各环节之间相互"踢皮球"构成，认知税公司事先搭建好的组织和运行规律为"踢皮球"创造了非常有利的条件。

对应到三，虚构的困难主要还是来自流程，由于虚构出的流程非常复杂，所以在帮消费者解决问题时，不管是在内部同级、上级、特殊组织之间的沟通上，还是关于公司的规则上，总是会遇到困难。那么这些虚构的困难是怎么解决的呢？假设从消费者开始沟通到拿到补偿一共应该有五步，那么认知税公司就会拖拖拉拉地最多解决四步，最后一步总是不给消费者解决，针对最后这一步，公司可能还会上升到说大道理的层面，比如告诉消费者不能用结果来否定过程，毕竟公司已经做了四步的工作，虽然确实没有解决问题，但如果这四步也不做，那问题肯定解决不了，最终可能会以给消费者代金券/消费者下次买可以打折/给消费者补偿一点仓库里过期了还没扔的产品而告结。

### 对内使用

前文讲述了组织架构和运行规律的构建，并详述了很多具体的手段，但这些琐碎的手段组合在一起，认知税公司实施起来就算有效，是不是也会因为成本过高而变得得不偿失呢？其实这些琐碎的手段不仅能成为标准化的流程，而且由于事事有规则、有记录，反而让认知税公司控制合规的程度变得更容易了，在能对外针对消费者的同时，对内还能更好地保护自己。

认知税公司不仅能通过"以静制动"的机制构建标准化流程，还会随时精进所构建的流程。以一个简单化的总目标为例，比如认知税公司遇到消费者维权时，试图拖消费者三天，那么按照设想，消费者在这三天里是会持续和认知税公司的客服沟通的，不管是据理力争还是破口大骂，这些都是沟通的形式，但是如果在进行到某一环节时，消费者就消失了/声称要到网上曝光/说已经打12345了，也就是说，认知税公司感觉到在某一环节产生了过大的漏损，这时候公司就会进行反思和调整，一方面是会对消费者进行分析，看是什么行为导致产生过大的漏损；另一方面就是会对话术进行优化，比如对消费者的道德绑架不能来得太急；认知税公司还会考虑将话术与其他防御性手段结合，不断优化话术，给消费者维权制造更大的困难。

通过"以静制动"构建的组织架构和运行规律不仅能够指导标准化流程的建立，还能为认知税公司提供合规的整体框架性思路。

在这样的框架性思路下，认知税公司会以标准化流程和内部规则为两个基本点，来服务具有自身特色的经验模式，道德和合规底线更低。从宏观的角度来说，认知税公司会先定性，它会利用自己熟悉和精通法律的优势钻空子，一方面让合同和规则更有利于自己，另一方面则会利用优势规避监管；再定量，其合规的程度只会做到"民不举，官不究"的程度，对于受害人向相关部门反映后才有人监管的问题会"坚决认错，积极赔偿，但以后还敢"，这样一来认知税公司就降低了所有问题都按规定操作所带来的高成本。

从具体操作来讲，对于标准化流程，认知税公司该有的岗位都会有，该走的流程也都会走，企业微信+录音+监控一条龙，一方面试图在应对外部监管时保护自己，另一方面则是试图降低岗位的不可替代性，当然更重要的是认知税公司会以这样的方式试图推卸公司层面的责任，认知税公司会强调自己的正规性，只要出现问题，就会将责任推到刚来的新员工头上，并对员工采取相应的惩罚措施，转移矛盾中心，以应对外界的舆论。

对于公司的内部规则，则会根据前文所述的"定量"标准制定特色的规则，比如可能会遵循以守为攻的思路，或通过玩文字游戏主动制定欺诈合同，这样的合同本身是没有法律效力的，但对于认知税公司精心选定的目标群体而言，他们通常很难辨别合同的法律效力，而敢于否定合同的人最多剩下一小部分，但他们又要面临走法律程序可能面临的繁琐和费时费力的问题。

在"以静制动"机制下，认知税公司通过组织架构的建立和运行规律的确立，建立了非常复杂的流程，充分利用了公司作为组织的优势。对于消费者来说，在维权时面对这样的机制，会消耗大量心力，矛盾的本质也会被搅乱，同时很多时候不知不觉间就接受了心理补偿而忘记了自己的根本诉求；对于认知税公司来说，这套打法为建立标准化流程和控制合规程度提供了理论基础，并且可以很方便地具化为实际操作。

### 补偿机制建立

对于来自规则和舆论的风险，认知税公司层面机制的建立通过"不战而屈人之兵"的方式处理了大部分的风险，再结合选人选品和时间窗口的运用，已经构建出了完整的方法论，能够应对经营过程中可能遇到的绝大部分风险，对于无法应对的小部分风险，认知税公司也能够接受，因为这一小部分风险面临的制裁很可能无法动摇认知税模式运营的主体，也就是创始人及其团队。在最坏的情况下，创始人团队接受了法律的制裁或者舆论的挞伐以后还可以改头换面，重新再来。虽然会有很大的损失，但与他们因此而获得的巨大收益相比，很可能这样的制裁和风险对他们的威慑较为有限。

而对于来自消费者的风险，应对的方式最终还是要回归到补偿上。我们可以粗略地将补偿方式分为心理补偿和物质补偿，如果通过对时间窗口的利用和以静制动的机制的运行都没有成功阻止消费者维权的想法和行动，那么认知税公司会首先给予消费者心理补偿，如果消费者对心理补偿仍然不满意，最后才会过渡到给予消费者物质补偿。

在前文关于"以静制动"机制的对外使用中，已经对心理补偿进行了一部分介绍。认知税给予消费者心理补偿其实有一套内在的逻辑，即按照"为什么产品用了不好"→"对于产品用了不好的态度"→"努力尝试解决问题的行动"这样的顺序给予的。这样的逻辑其实是模拟了消费者在维权时遇到比较真诚的正规商家时更为顺利的维权过程，区别就是认知税模式下消费者很难真的拿到应有的补偿。可以说认知税模式不仅在宣传产品时打造出了美好的幻象，还在消费者进行维权时打造出了真诚和尝试解决问题的幻象，并试图用这样的幻象来代偿本应给予消费者的物质补偿。

为什么产品用了不好——归因系统

如果不局限于认知税，从更为宏观的角度来探讨为什么消费者购买了产品以后感觉这个产品用了没有效果，那么原因可能有很多种，既有可能是产品本身的问题，也有可能是消费者不会用，还有可能是由于对效果的不同看待方式。也就是说，归因方式有很多种，需要结合产品和消费者的具体情况才能确定根本的原因，也确实有可能问题并不出在产品身上。

而认知税模式对于"为什么产品用了不好"使用了唯一确定的归因系统，也就是对"为什么产品用了不好"进行了完全的外归因，同时对"为什么产品用了好"进行完全的内归因，构建出了简单的闭环，表面上看是对消费者进行"洗脑"，但实际上更贴近于给予消费者一定的心理补偿。本书将从认知税使用的归因系统的参照系讲起。

对认知税公司来说，最完美的归因系统来自信仰——

产生了好的效果：某种更高的存在帮助了自己

没有效果/产生了不好的效果：自己的问题实在难以解决/缘分没到

**兜底条款**：一切都是最好的安排/人间实苦/通过磨炼和修行可以达到更高的境界

这样的归因系统是被广为接受的，并且经过了几千年的推敲和完善，是认知税模式无法达到的高度，但是只借用一下这个框架就能欺骗很多消费者。

认知税模式借鉴了参照系，对于"为什么产品用了不好"建立了一套通用化的归因系统——

**买了用了有效果**：一定仅仅是用了我们公司的产品导致的/幸亏买了我们的产品，要是没用那后果不堪设想

**买了用了但没用/恶化**：影响因素很复杂/消费者买太晚了/买我们公司更贵的版本肯定就没事了/再来一个疗程就好了/要是不用肯定更糟糕/本品不能代替药品（小字）/没坚持用/用的方法不对

对于经过了认知税模式"选人+选品+做出购买决策"三道关卡的消费者，也就是认知税公司的实际用户，可以基本确定他们是在认知上有诸多问题的消费者，对于这样的消费者，这套归因系统还是能解决很多纠纷的，甚至还能让很多人被骗第二回。归因系统之所以能给予消费者心理补偿，是因为给了消费者一个说服自己的理由，那就是自己的核心认知没错，比如有人认为世界上就是存在包治百病的神药，只是由于某些不重要的因素，这次在自己身上没有奏效，所以消费者仍然可以延续自身的核心认知。

但由于这套归因系统本是建立在信仰之上的，而认知税公司建立的只是闭环，所以这套归因系统只能套进去想才没问题，但跳出来看漏洞还是比较多的，不管是说产品本身不行、产品的设计理念不行，还是没有效果或是效果与产品无关，只要消费者有心，有一定知识和独立思考的能力，还是能够不被蒙蔽的。这些漏洞只能用兜底逻辑来弥补，所以如果消费者冲破了归因系统的防线，认知税公司就只能默

认"为什么产品用了不好"的原因确实出在产品或者公司身上，从而过渡到"对于产品用了不好的态度"上了。

### 用了不好是什么态度——道歉和追责

总的思路就是使用仅停留在口头的道歉和虚假的内部追责为消费者提供心理补偿，并试图通过转移矛盾把水搅浑，当"消费者维权=向公司要个说法和解决方案"的逻辑发生改变，变成"消费者维权=逼迫家庭困难的员工赔偿或者失去工作"时，大事化小，小事化了才会成为可能，并且此时态度变得更加重要，毕竟在"消费者维权=逼迫家庭困难的员工赔偿或者失去工作"这样的逻辑中，消费者要求物质补偿虽然合理，但很容易陷入道德绑架的困境，问题反而回到了消费者身上。

### 努力尝试解决问题的行动——只解决所虚构的困难

如果消费者在维权时不满足于只要个说法，那么认知税公司就会开始解决其所虚构的困难了。思路就是认知税公司肯定会表态公司会努力帮消费者解决问题，但实际上它只解决它所虚构的困难。由于使用"以静制动"思路构建的组织架构和运行规律非常复杂，消费者也摸不清认知税公司内部的规则，于是在连续但不顺畅的沟通过程中，虚构的困难通常会很缓慢地被解决，但始终走不到给予物质补偿的最后一步。这一阶段给予消费者的心理补偿在于，看上去认知税公司愿意解决实际问题，也真的在推进问题的解决，一切都在向好的方向发展，而实际上连问题和困难都是公司虚构出来的，又何谈解决呢？

认知税公司通过三步心理补偿极大地消耗了消费者维权的时间和精力，并且由于它采用了较为"柔和"的手段，拖延了不少时间，缓慢地平息了消费者的愤怒，因得到心理补偿而放弃物质补偿的消费者虽然仍有愤怒和不平，但已经很难成为认知税模式的风险来源了。

## 物质补偿

物质补偿作为认知税模式迎接来自消费者风险的最后一道防线，用意在于让消费者自己主动展现自己的能力，因为相比主动给予物质补偿，以消费者主动展现的能力为基础来进行物质补偿是认知税模式更为高效，也更能止损的风险应对方式。通过代入消费者的视角，可以更清晰地看到认知税模式对"按闹分配退款"方向和程度的把控。

### 方向问题

首先按照正向思路来思考，那么消费者的指导思想就是"杀人偿命，欠债还钱"，具体来说就是只要自己说清楚对方做错的地方是哪儿，比如是产品没有效果或者三天就坏了，严厉地告诉对方这样是不应当的，然后对方就理应改正错误，消除危害，赔偿损失。当然这里还漏掉了一环，那就是如果对方不改正错误，那怎么办呢？那么第三方就理应出来主持公道。按照理性思路，消费者能得到的最好结果通常是"迟到的正义"，但结果的不如意并不是正向思路最大的问题，而是整个维权过程带给消费者心理上的痛苦，认知税公司却通常没有多大的损失。

其次，按照认知税公司的思路来思考，那么指导思想就变成了及时止损和尽量止损。止损的手段有什么限制吗？从道德上而言并没有，但从法律上而言，认知税公司的指导思想就是止损的手段可以违法但不能犯罪，还可以根据实际情况做微调。

再次，是不是公司有问题就多少得赔点，公司没问题就肯定不用赔？答案是否定的，认知税公司之所以要止损，是因为有人来维权了，这个时候公司有问题与否就不是那么重要了，主要是看维权有没有造成公司所在意的损失，要是没有损失就算完全是公司的问题也不大可能进行赔偿，要是有比较严重的损失那就算公司完全没问题也可能会破财免灾。

最后，是不是公司只要赔钱了就是血亏呢？答案也是否定的。公司是想止损，并不意味着完全没有损失，而是只要能把来闹的消费者用最小代价打发了，不引发多米诺骨牌效应，就不会血亏。

当消费者获得了新的视角，是不是再遇到认知税公司就能游刃有余呢？很遗憾，答案仍然是否定的，因为与认知税公司进行换位思考只能提示消费者哪个维权方向是对的，那就是尽自己最大的能力告诉认知税公司，如果不赔偿损失，它就会面临更大的损失；以及弄明白为什么有些维权方向注定是无效的，如指责认知税公司这样做是不道德的，或者指望"恶有恶报"。

对应到具体的做法，作为普通人，受骗的消费者可能需要选取更适合互联网时代的维权方式，比如可以在社交媒体曝光侵权商家，扩大影响并争取更多的关注；谈判时带上录音笔来收集商家的违法犯罪证据，整理好证据后再寻找合适的渠道举报；等等。

### 程度问题

把控程度是很微妙的，因为消费者的目的不在于闹，认知税公司的目的也不在于镇压消费者。如果确实有上文所述的能力和实施的意愿，先做初步的尝试再去沟通可能会是性价比更高的选择。

对于消费者来说，最重要的是想清楚自己要的是什么，心理补偿和物质补偿兼得的可能性不大，因为不管是多么明确的事，到了最后基本都会被认知税公司引导到可以"和稀泥"的层面，所以舆论的导向会变为"拿到赔偿就算了吧"或"不为经济补偿只为了维护公平正义"，所以想要的是什么，消费者要在一开始就确定下来，并坚定不移地贯彻执行这个目标，否则很可能心理补偿和物质补偿都得不到。

## 整体模式下调整和优化的可能

在认知税的整体模式和驱动模式下，认知税公司在实践中还会做出一定的调整和优化，较为常见的是对于排他性的调整和退行的思路。

### 人群排他性

#### 对排他性的认识

虽然更高级、能够面对更广泛的人群，也更具迷惑性的认知税模式的排他性仅仅体现在它所针对的目标群体的需求上，但实际上很多认知税模式的排他性并不仅仅体现在它所针对的目标群体需求上，还体现在了它所针对的人群的一般特质，比如年龄和受教育程度，也就是使用了更为人熟知的"反向筛选"机制，由于排他性和精准聚焦是一体两面的，也可以认为排他性不仅体现在需求上，也体现在各种特质的认知税聚焦到了更加细分的人群上。

认知税模式经常做出这样的调整的原因有几方面：

一是人群的基数，也就是可以针对的具有某些一般特质的人群数量已经足够庞大，比如"年龄大、受教育程度低"的人群，在选定错误认知所对应的需求以后，如果可以对应的人群中具有某些一般特质的就有很大的基数，而这些一般特质又可以在一定程度上指向更容易受骗，那么在圈定人群的质量和数量的博弈中，认知税模式会倾向于选择人群的质量，也就是会使用对一般特质的理解辅助错误认知所对应的需求对圈定人群进行二次聚焦，即使因此排除了一部分目标人群，并且在二次聚焦时准确度可能会下降，但可以通过人群基数来弥补，而提升圈定人群质量所带来的效率提升对认知税模式来说更有可能带来实打实的利益。

二是自身实际情况，认知税模式的高级与低级之分更多地体现在消费者鉴别和揭穿该模式的困难程度上。对于认知税本身来说，高级的形式既不一定指向更高的利润，也不一定指向未来更良好的发展，认知税是以更高级、更具迷惑性的方式存在还是以看起来更低级和反智的方式存在，很大程度上取决于认知税公司过去的积淀、现阶段经营的产品和未来发展的需要。

三是成本，只要能让消费者买单，成本肯定是越低越好，而打造排他性更单一的认知税产品成本会是更高的。以保健品为例，排他性更单一的产品很有可能服务于伪直销类模式，对产品质量、安全性、权威背书有着更高的要求，产品本身甚至都不一定是认知税产品，真正有问题的东西是通过产品所打造的信仰，单一的排他性体现在对于模式的认知，模式以外的东西都需要是真的；而排他性更驳杂的保健品可能既排除了没有错误认知的人群，也排除了对现实世界有基本认知的人群，还排除了更年轻的人群，但对产品的要求将大大降低，并且也不需要设计精妙的套路，可能唯一的要求就是产品不能吃出什么问题，这时成本将大幅降低，配合认知税模式的具体打法和庞大的"年龄大，受教育程度低"人群基数，这样更"低级"的认知税产品经过反向筛选，也会有足够多的消费者买单。

无论认知税对于人群排他性是根据需求还是根据某一个或几个特质确定的，是单一的还是驳杂的，排他性始终是认知税模式的重要议题。认知税在战略上的排他性在于所选定的错误认知所对应的需求，认为这部分需求至少有可能被满足，或有可能被让步性地满足是购买认知税产品的基础，非目标群体会从根本上否定这种需求所对应的产品，并且否定的程度不会随价格/无效退款等保障性手段的改变而改变，就比如长生不老药，就算是产品功能宣传退行到有可能为使用者增加多少年的寿命，并且因为用了某种生物科技所以价格很贵，或因为是试验品有风险所以很便宜，再叠加一个20年后无效10倍退款的协议，非目标群体也仍然没有兴趣，而对于目标群体，认知税公司则根本不必如此大费周章。

战术上的排他性体现在宣传方式和所选用的渠道上，但不必然存在，因为战术上的手段主要在于迎合目标群体，只是有时候当它精准地聚焦到了一部分人群时，对其他人群产生了排他的"副作用"，比如选用了"低级向"的宣传方式和电视购物/弹窗广告这样的渠道。

对于已经被排除掉的群体，认知税公司没有收割这部分人群的打算，因为做不到也不想做，做不到是因为非目标群体从根本上就不会对认知税产品感兴趣，不想做是因为搞定非目标群体效率低而且成本高，同时还难以善后，而效率和安全才是认知税公司运营过程的关键。

### 整体调整示例

以下面一种改变排他性的手段为例。首先选定产品所针对的需求，如快速治愈现有医疗水平无法治愈的绝症，然后增加对低受教育水平+低认知水平+年龄大人群的针对性，下文将统称这类人群为目标人群，或者说增加了对高受教育水平+高认知水平+年龄小人群的排他性，这时候认知税模式就不仅针对了"反智"的需求，还会使用"反智"的宣传方式和渠道，旨在排除掉不具有错误认知的人群，以及具有高认知能力、年龄小、受教育水平高的人群，虽然可以针对的人群更少了，但效率可能更高了。

认知税模式可能会采取的调整如下。

宣传方式调整

会使用特定的宣传方式，采用这种方式就是一方面怕所针对的人群看不懂、觉得不亲切、觉得不够带劲或觉得不接地气，所以加入了模仿和迎合他们习惯和喜好的部分；另一方面，加入了让非目标人群"看了很难受的部分"，提前筛除了这部分人群。由于宣传方式非常有针对性，所以"模仿和迎合"部分和"看了很难受"部分的内容在很多情况下是一致的。

宣传时认知税公司在整体思路上都会擦着审核的下限尽可能地夸张和博人眼球。比如宣传图上通常有以下几种元素，可以供大家了解：一是白底红色/黑底红字再加上感叹号，文案以手写为宜；二是拙劣的修图，通常用于对比使用产品前后的差别，宣传减肥药所用的文案图片减肥前后根本不是一个人、修图把人修瘦的时候把墙也修弯了，这些都是常见的操作；三是加入发毒誓等针对目标人群的"有效保障手段"。

宣传文案正面的思路就是掌握因果律武器，三秒内120%见效，反面的思路就是吓唬+道德绑架+过度延伸，就比如针对糖尿病患者，"吓唬"就是对目标人群说要是不买该认知税产品，不出一年并发症就会发作并有死亡的风险，还会再补充一些发生并发症后恶心的图片；"道德绑架"，就比如孕妇防辐射服，宣传点在于不买就是对家人、对自己不负责任；"过度延伸"，就比如减肥药，认知税公司会宣传肥胖不只危害健康，还会导致工作不顺，朋友疏离，家庭不和睦等。

具体文字上，在书写和直播的时候，为了通过审查，并让目标人群产生亲近感，认知税公司也会主动采取以下手段：一是会使用错别字；二是会故意把音读错；三是在出现英文字母的时候故意不按照标准读音念，加入土洋结合的修饰；四是会使用错误、多余的标点，以达到混淆视听、成功通过审查的目的。

### 渠道调整

选用的渠道主要针对的是低受教育水平+低认知水平+年龄大的人群，用意在于排除掉不满足这部分特质的人群，并更好地吸引目标人群。

这类渠道基本是看着就像诈骗的渠道，对于非目标人群来说，基本没有上当的可能，但对于目标人群来说刚刚好，具体来说就比如"牛皮癣"广告、电视购物、在菜市场卖古玩、搜索引擎竞价广告，渠道虽说本质上没有低级和高级的区别，但通过这部分渠道卖的产品通常都不是正常的商品，对这部分渠道感兴趣的人群正是认知税模式的目标人群。

### 关于产品

认知税产品的本质并不会随其他因素的改变而改变，不管其针对的是具有什么特质的人群，卖什么样的价格，本质上都是针对错误认知所对应的需求打造出幻象，一方面，错误认知所对应的需求不可能或不需要被满足，所以更优的产品没有存在的可能；另一方面，认知税模式始终坚守自身提供的产品具有"超能力"这一立场，在这方面并没有退行的空间。产品之间的区别就在于外在的包装、提供服务的环境、选择的渠道以及宣传方式。

## 关于退行

退行是认知税产品真正取信于消费者的关键，也是认知税模式从理论过渡到实际的关键，因为一方面就算是认知税模式的目标群体，也很难相信有完全超越现实世界的产品，或者付出自身可以承担的代价就能换来超能力的必然实现；另一方面，认知税公司虽然知道什么样的套路是最好的，但很多时候次好的套路就能迷惑消费者了，毕竟做生意不是上学，考100分才最好，以最低的成本达到够用的水平才是最符合认知税模式经营需求的，比如最好的套路包括九真一假，但这样的套路打造起来过于费劲，假的再多一些也不是不能用。

上文中已经提到，认知税公司要想欺骗消费者，就需要让消费者产生错误的认知。根据错误认知所对应的需求打造产品，可以说是"阴谋"，产品功能所退行的方向更偏向程度方面，比如从长生不老到多活10年，从一个月瘦30斤到一个月瘦10斤。而选取状态特质打造产品，一方面大概率可以直接指向错误认知，另一方面消费者自己是希望错误认知所对应的需求有可能发生的，因而很多时候消费者都只需要认知税产品的说明而不需要证明它的具体效果，产品功能所退行的方向更偏向可能性方面，既包括从自身出发的可能性，比如从必死无疑的病必定能治好，到有20%的概率能治好，也包括从对方角度出发的可能性，比如从生活中必定存在有害胎儿的危害而且"确定"产品能够帮助消费者抵御伤害，到不确定有没有危害胎儿的辐射但仍然"确定"能够抵御伤害，可以说是"阳谋"。

当两者结合时，认知税模式既会从程度方面退行，也会从可能性方面退行，更可能两方面都退行。唯一不会退行的方向是产品真的具有"超能力"，目标群体全信了认知税公司对产品功能的承诺自然最好，不过更多的目标群体是觉得产品有商家所宣传的一半"超能力"也够用了，或者有一半的可能性能应验也不亏，或者干脆抱着死马当成活马医的态度，想着"万一能行呢？"

在什么样的情况下退行会以更具迷惑性的方式欺骗消费者，以及采取什么样的退行方式是一个较为复杂的问题。首先选参照系，先从坚决不做退行的泛诈骗类模式说起，比如邪教类，坚决不做退行的原因是根本没有必要，反正它针对的要不是精神世界里的事，要不就是来世的事，这些事虽然100%是假的，但是无法反驳，因为对他人精神世界发生的事和来世发生的事进行证伪是几乎不可能的，所以这类邪教会非常坚定地告诉"信众"信了他们的教就能获得正能量，死后必然到多么好的地方去，这也是很多人信邪教的原因，唯一的灵活空间就是因为邪教头目是真神或真神唯一的代言人，所以可以决定这一切是否发生。再到几乎不做退行的模式，比如诈骗类模式，不做退行的原因是没有什么退行的空间，也没打算善后，骗完就跑。之所以说几乎不做退行，是因为诈骗类模式也可能会有一定的操作空间，比如会对消费者说自己就是骗子，不过可以和消费者一起对老板给的诈骗成本分赃，通过更多的"故事"来取信消费者。

再回到认知税模式，做退行的原因有以下两方面：一是在一定程度上需要与现实世界接轨，所以就算产品效果一时无法证伪，但最后有没有效果还是能看出来，比如减肥减下来多少/考试能不能考过，不像来世能不能上天堂这种无法证伪的事，在这样的情况下做退行才显得真实；二是认知税公司打算在一定程度内善后，骗完了虽然最终会跑路，但不一定立马就跑路，在消费者找过来维权的时候，认知税公司会先试图在舆论和规则下保护自己，利用时间窗口拖延时间，以图欺骗到更多的目标人群，使自身的利益最大化。

至于进行退行的方式，认知税模式一是采取了较为灵活的方式，既可能主动退行，也可能在一开始不退行，如果消费者没有疑惑，那就不变，如果消费者有疑惑，再适当退行，比如消费者对保健品的神奇功效有疑惑，那么认知税公司就会主动改变话术：这种保健品确实是刚通过动物实验，在人身上可能起效也可能不起效，不过看您这病也只能死马当活马医了，试试总没坏处，公司也是着急帮助您。二是巧妙地利用宣传和具体介绍之间的联系与可以存在的差别，让退行变成了一个相对的概念，以自身希望宣称的效果为中间值，可能会先夸大再退回来，也可能会先退回去再夸大，也可能一直保持中间值。也就是说，认知税模式既可能在宣传产品时做弱化的处理，在具体介绍时才表露产品的"超能力"，也可能在宣传时做增强的处理，在具体介绍时很"坦诚"地说其实产品有点能力，但比宣传的效果确实差点，还可能严格保持宣传和具体介绍的一致性，目的无非是"诱敌深入"以及增加真实性和可信度。结合一和二，认知税模式构建了具体情况具体分析的方法论，可以不用总是思考到底哪一种方式比较好。三是如上文所述，认知税的退行空间看似很大，但实际上退的都是程度和可能性，并没有动摇自身的根基，但在目标群体看来，反而体现了认知税公司诚信，不说假话，就算比宣传的效果差点，也比普通的产品强，为了一线希望也值得试试。

第五章

解铃还须系铃人——
揭秘商家如何布局

1. 保健品类骗局为什么具有神奇的魔力?
2. 孕妇跟普通成年人到底有什么区别?
3. 成功真的可以复制吗?

认知税模式的完整打法是基于认知税的整体模型，根据驱动模式结合具体的品类所构建的具体打法，是消费者在日常生活中可以看到和接触到的。通过认知税的完整打法，我们可以看到认知税是如何将理论与实践相结合的。

在介绍具体品类的完整打法之前，首先要说明的是，本书讲述的是以下各品类产品中的认知税产品的具体打法，并不是说以下品类的产品都是认知税产品。

## 保健品类

由于保健品自带的强针对性，保健品类认知税模式的选人逻辑没有首先从认知弱点出发，而是首先从年龄出发，因为保健品天然和老年人有着更强的适配性。在初步选定了老年人作为目标群体后，认知税模式又会回到常规的选人逻辑，将目标人群更为精准地聚焦到认知存在问题的老年人身上，因而产品宣传基本上都是比较夸张的，比如太空育种包治百病神药、藏药第五十六代传人彻底治愈糖尿病、睡玉石床延年益寿、美国最新超声波仪器治高血压这种风格，虽然产品各异，但认知税模式施展具体打法所依托的形式主要是通过讲座和旅游。

### 讲座

通过办讲座吸引老年人买保健品可以说是认知税模式最经典的打法了。人们对这一打法已经进行了足够透彻的分析，不管是通过饱含血泪教训的真实案例，还是通过内在机制的探讨，但本书将进一步讲述的是认知税整体模式视角下的办讲座打法。

## 引流

要想办讲座,首先要吸引足够多的人过来,所以需要有引流的手段。

引流的手段最经典的就是发鸡蛋,主要利用部分老年人喜欢占小便宜的心理,很常规,往复杂了说也可以有一些看待的角度,一是贫穷匮乏的旧时代给老年人留下的烙印过于深刻,部分老年人虽然现在退休金很多,但心理上还是活在贫困的年代,所以只要肯下点小本,让他们有小便宜可占,很容易就能吸引他们的注意;二是很多老年人退休以后时间充裕,听讲座的初衷可能纯粹是为了凑热闹。

常用的引流手段还有在大街上直接拉人,就说有知名专家的讲座,利用的是部分老年人对权威的迷信和服从,"专家""教授"这样的头衔对部分老年人来说,是具备很强的说服性和权威性的。

还有更高级的引流方式,比如先开个泛认知税产品生态链的超市,将其中一小部分米面粮油卖得很便宜,先吸引老年人去买东西,之后再靠保健品和"大健康"生态链赚钱,顺便再开讲座,终归还是利用老年人信息分辨能力差的特征和比较喜欢占小便宜的心理。

## 讲座流程

讲座的总体流程可以分为起、承、转、合四个部分,逻辑严谨并且环环相扣,目的在于两个方面:一是与其说是消费者听讲座和买保健品,不如将这样的过程理解为消费者欣赏传统戏剧表演然后捧场,与其说保健品公司的员工和请来的"专家"在一本正经地胡说八道,不如说他们都是专业的演员,都尽心尽责地扮演了自己的角色,从实际效果来说,无论是从深陷其中的消费者的视角,还是抽离消费者的视角看,讲座的整个流程都极富观赏性,只是深陷其中的消费者会心甘情愿或者顺理成章地为这样的表演买单。二是极富观赏性的表演过程和环环相扣的严谨逻辑会让消费者产生很强的代入感，这样的代入感足以让具有一定认知能力的消费者忘记现实世界的样子和自身的实际需求，忽略保健品本身的破绽，乃至于忽略自身的经济情况，对产品功效产生不切实际的期许，并最终为这样的假象买单。

起——开场

请头发花白、面相慈善，感觉德高望重的演员扮演权威专家、教授或大夫，并简短地对专家进行介绍，然后请"专家"先讲老年常见病的防治知识，再讲其所在的流派是怎么治病的，内容上要保持克制、态度上要保持谦虚，"专家"毕竟还是要有真正的专家的样子，更离谱的内容可以交给下一个环节。

承——介绍

在这个环节，认知税公司的人就要上来讲保健品或保健器械了，内容上主要是要抛出很多厉害的噱头，再把这些噱头和产品联系在一起，企图让消费者相信其产品真的有噱头所代表的能力。

以人们日常生活中经常接触的五仁月饼为例，正常的月饼无论是原料和工艺都是优质的，且能够给消费者带来不错的消费体验。而认知税公司生产的五仁月饼不仅没有"五仁"，还会转移焦点，对老年消费者宣传核桃仁益气、杏仁降火、花生仁平喘、瓜子仁滋阴、芝麻仁补阳，再辅以宣传这款月饼是由乾隆年间已经失传的手艺制作而成的，或应用了美国顶级高校最新的量子物理科技技术，再升华到月饼采用了神乎其技的工艺、萃取技术，再通过老年人普遍相信的类似于以形补形的逻辑，给老年人造成该月饼物超所值的假象，但实际卖给消费者的东西却空有五仁月饼的名头，还作为载体制造出产品能治疗疾病的假象。

现实操作中，可能还会通过一男一女两位工作人员来唱双簧，在热烈的音乐和你一言我一语的烘托下，制造出极具迷惑性的气氛，试图混淆视听。

再进一步，还会通过诱导性问题反过来洗白产品，比如先问"有哪些平常我们认为的不好的东西，实际上有意想不到的好的效果"，然后举极端案例诱导老年人认可其预设前提。让这些老年人相信平常大家普遍认为不好的东西实际上可以达成一定的好的效果，或者相信达到效果的路径切实存在。认知税产品的目标人群通常耳根子软，易被他人说服，对拟合问题的认知较差，很容易进入认知税模式为他们量身定制的既定思路中，进而上当受骗。

转——自问

在经过了开场和介绍两个环节以后，认知税公司通常会故意卖个破绽，再圆回来，毕竟老年人虽然愿意相信世界上存在某种东西或方法能快速、有效还简单地解决困扰他们多年的问题，但也会心存怀疑，说得太完美反而也是个破绽。最简单的话术类似于病友的采访，"一开始是完全不相信的，但是吃了xx，还真就腰也不酸了，腿也不疼了，一口气能上五楼了"（编得更细一些则可以说使用了三个疗程以后才见效的，为之后多卖产品做铺垫），再配上两张PS技术拙劣的前后对比图。

再复杂一点，可以直接抛出一个具有独立思考能力的人可能问出的问题，再用认知税产品的打法回击，一石三鸟，一方面直接贬低对手给人小家子气的感受，另一方面可以顺便做反向筛选，还有就是达到以退为进的效果。

下面将模拟认知税公司对一个常见的问题进行自问自答的全过程。

在讲座整体的流程经历了"起"和"承"的部分，进入"转"的部分之后，自问自答的过程其实从抛出问题到根据回答的内容重新编制出的故事，也有自身的起承转合。本书通过认知税公司抛出问题以后所叙述的内容，从传达信息的表象开始，一步步深入，讲述认知税公司期待中的消费者的认知，以及如果消费者能产生认知税公司所期待的认知,起效的机制又是什么,在自问自答的整个过程中,认知税公司又是如何利用叙述的内容,来确认消费者是否具有一定面向的认知弱点,进而通过漏斗机制来进行"选人"的过程。具体内容解构如表5-1所示。

问题:大家可能也会怀疑,西医现在已经非常先进了,但目前还是治愈不了糖尿病,就算藏药有独特的神奇之处,就能彻底治愈糖尿病吗?是不是骗我们呢?

表5-1 保健品类认知税自问自答内容解构

| 阶段 | 叙述内容 | 传达信息的表象 | 消费者的认知 | 起效实质 | 蕴含的选人逻辑示例 |
|---|---|---|---|---|---|
| 起 | 糖尿病确实直到2024年仍然是几乎无法治愈的病症 | 肯定了现实世界的基本规律 | 听医院的大夫也是这么说呢 | 所要针对的病症越不好治,消费者的需求就越迫切,自己也就越厉害 | 铺垫阶段,暂时不选人 |
| | 主要的难点 | 自身专业性的体现 | | 前面说点真的赢得消费者的信任,反正不影响后面的流程 | |
| | 带给患者哪些痛苦 | 理解消费者的处境 | 真是说到我们心坎里了 | 类似于心理咨询"先跟后带"的手法,先做同理,让老年人觉得被理解,放松警惕后往哪儿引导都方便 | |
| | 更可怕的是糖尿病相关的并发症 | | | | |
| 承 | 其实呢,西医所遵循的循证医学的方法,具有一定的局限性,更多是治标不治本,只关注各项指标 | 在对西医有了解的基础上指出了西医的局限性 | 指标上可不就是按住葫芦又起了瓢,一直也没治好 | 一方面在西医的领域打败西医有一定的困难,所以十脆绕开西医,此处开始做铺垫,另一方面暗合部分中老年人对西医的不信任心理 | 通过偷换概念的表述确认消费者对事物进行理解的认知是否存在问题。对事物进行理解的认知存在问题的消费者会被这样的表述吸引,认知能力较强的消费者会察觉到偷换概念,从而被认知税模式排除在外。 |

续表

| 阶段 | 叙述内容 | 传达信息的表象 | 消费者的认知 | 起效实质 | 蕴含的选人逻辑示例 |
|---|---|---|---|---|---|
| 承 | 而不像藏医,相对治已病更专注治未病/认为人的身体就是小的宇宙 | 提出对于身体和健康的另一种认识方法 | 都说西医先进,还是不如老祖宗有智慧 | 说一个和西医不一样的指导理论就行,通常这个理论是真的。为下文做铺垫 | 通过偷换概念的表述确认消费者对事物进行理解的认知是否存在问题。对事物进行理解的认知存在问题的消费者会被这样的表述吸引,认知能力较强的消费者会察觉到偷换概念,从而被认知税模式排除在外。 |
| | 藏医对糖尿病的理解是这样的,血糖高只是一个表象 | 对糖尿病有了新的解读方式 | 这样的认知有高度 | 1. 需要把糖尿病的概念偷换了才好骗<br>2. 在此处增加一层筛选,在有治疗糖尿病需求的基础上再筛选认知能力<br>3. 新的认知是可能被解决的问题,为后面做铺垫 | |
| | 其实是阳虚/阴虚/哪儿郁结了/心肝脾肺肾哪儿不好了/木克土 | 新的认知才可能带来新的希望 | 这才是健康最根本的问题 | | |
| | 在藏药中又可以通过扎针/抹酥油/吃哪种中草药,看气氛可以强调必须加蝎子之类的当药引子的方法来治疗 | 新的方法论自然会对应新的手法 | 手法上确实没听说过,看看后面怎么说 | 方法越玄乎越好,为后面的困难做铺垫,而且玄乎的方法也暗合老年人"普通的方法解决不了,那能解决的一定是奇幻的方法"的心理。 | |

续表

| 阶段 | 叙述内容 | 传达信息的表象 | 消费者的认知 | 起效实质 | 蕴含的选人逻辑示例 |
| --- | --- | --- | --- | --- | --- |
|  | 但是由于需要手法高超的大夫/力度不好把握/药性不稳定……一直不能为普通老百姓所用 | 无论采取什么方法论,治疗糖尿病都不是一件容易的事 | 这些手法要求还不低呢 | 遵循的是莆田系的经典三段论:你的病很重→我能治→要花很多钱,好消息是来听讲座的老年人已经知道自己的病很重了,后面自然就能过渡到能治和价格很贵了 |  |
| 转 | 我司最近取得了一项重大的科技突破(美国斯坦福大学昨天刚研究出来的)/刚出土了一本失传的医书/找了[00个藏医用现代先进方法论总结归纳了他们的传统方法,直接解决了这些困难。需要手法高超的大夫,那就是研究出了一个机器,微电脑控制,又能红外又能超声波;药性不稳定那就是生物制药技术得到了进一步发展,提取出了某种中药的有效成分,比吃十服药都强 | 这些手法通过科技突破和总结归纳,效果和稳定性可以得到进一步的提升 | 听着好像有点意思啊 | 以合乎逻辑的起效路径代偿了其中的破绽,直白地说就是如果真的遵循所叙述的路径确实可能会起到更好的效果,但一方面所叙述的路径并不存在,再退一步说就算存在,也不会在讲座里推销。就算再退一步,这样的路径存在且能起到更好的效果,也与治愈糖尿病没有直接联系,不过这些破绽暂时全部被合理的路径表述逻辑掩盖了 | 通过科技突破的表述来确认消费者对于人类对世界的理解程度、局限性的认知 |

续表

| 阶段 | 叙述内容 | 传达信息的表象 | 消费者的认知 | 起效实质 | 蕴含的选人逻辑示例 |
|---|---|---|---|---|---|
| 转 | 其实我们的产品不同于大医院的西医,他们虽然有着先进的技术,但方向错了,治标不治本,当然治不好 | 肯定了科学技术本身的价值,同时也强调了使用的方向和所依托的方法论 | 看来大医院不是技术不行,而是努力错了方向 | 需要肯定科学技术本身的价值,一是因为他们自己可能要用"美国最新科技",二是符合现实世界规律,说大医院方向不对,实质是暗合了这样的前提——使用与现实世界同阶段的材料就可以拟合出超越现实世界现阶段医疗水平的治疗手段 | 通过科技突破的表述来确认消费者对于人类对世界的理解程度、局限性的认知 |
| 合 | 但我们通过藏医的视角来看待糖尿病,更着重解决身体中阴阳的平衡,在美国最新科技/古籍整理出的方法论等的加持下,把之前非常复杂/昂贵的方法以低廉的价格和简便的方式带给大家(也就是用机器/服药/抹药) | 再次强调藏医方法论的先进性,进一步将起效路径与实际使用进行了关联 | 现在时代好了,科技进步了,原来老百姓用不上的方法现在也能走入寻常百姓家了 | 重复藏医的方法论使用的是类电视购物的逻辑,在叙述的时间进程中虽然会不断加入新的内容及讨论,但重要的内容一定是不变并且不断重复的,例如"只要008,产品带回家",以及自身所依托的方法论和能够达到的效果 | 通过把最前沿的科技进展以低廉的价格带给消费者的表述,来确认消费者对于现实世界运行规则的认知 |

续表

| 阶段 | 叙述内容 | 传达信息的表象 | 消费者的认知 | 起效实质 | 蕴含的选人逻辑示例 |
|---|---|---|---|---|---|
| 合 | 只需要3个疗程,每个疗程30天,糖尿病就能好,以后永不复发 | 俗话说得好,"病来如山倒,病去如抽丝",要治疗糖尿病,再好的方法也需要一定时间 | 3个疗程时间也不短了,不过能治好病比什么都强 | 疗程通常会长一些,一方面要多骗钱,另一方面等这些个疗程完了,公司早跑路了,要是说3天就好,容易挨揍,不过疗程短一些也不是不行,今天做完讲座,变现后晚上就去另一个城市,看具体需要而定 | 通过把最前沿的科技进展以低廉的价格带给消费者的表述,来确认消费者对于现实世界运行规则的认知 |
|  | 这个效果其实我们说了也不算,让我们来看看之前的消费者是怎么说的吧。然后读感谢信/放视频/展示锦旗 | 有之前受益的消费者作为背书,真实可靠 | 就算有点水分也不能都是假的,这个公司应该还是有点水平 | 所读的感谢信和展示的视频是在改写了现实世界的医疗水平和消费者面临的处境以后,编织出的美好幻象,用意在于巩固之前洗脑的成果 |  |

合——卖产品

经过了这么多环节终于到了卖产品环节,卖产品环节的底色是轻松愉快的,因为一方面认知税公司肯定会说,他们的主要目的是办讲座,只是他们公司恰好有一些保健品能够帮助到大家，就以成本价卖给大家，算是给大家当福利。另一方面，认知税公司不是涉黑诈骗团伙，目标客户不买，最多他们脸色不太好看，不存在不买不让走的情况，他们就是想骗点钱，要是真骗不到那就换一批人再骗。

在轻松愉快的底色下，认知税公司还将带给老年人温暖的"家人文化"，对老头老太太无比热情，端茶倒水，再弄点廉价的小零食，说几句好听的话，毕竟之后就要对他们宣传产品了，现在纯寒暄就够了。老年人在疑惑为什么有人要对自己这么好，是不是想骗他的钱的时候，认知税公司就要来讲述动机部分了。

讲座的流程其实遵循的是A→B→C的逻辑：A是宣传公司的产品是真的好，真的能产生很好的效果；B是动机部分，也就是公司为什么主动把这么好的东西拿出来推销，还给出这么"优惠"的价格；C是消费者为产品买单。A→C的路径虽然也是可行的，但A→B→C的路径显然更有说服力，逻辑更加严谨，也是更有可能让消费者相信的路径。

动机部分通常是由专家动机、公司动机以及两者相结合构成的。专家动机方面，通常是请人来扮演专家，告诉目标群体其实他不忍看到病人一直饱受糖尿病的困扰，放弃高薪去国外名校做研究，终于开发出了新技术或找到了中西医结合治疗糖尿病的方法，现在他把好的方法带给"家人"们，不是为了赚钱，就是希望能够帮助"家人"们解决病痛的困扰。

假专家简单介绍完自己的经历以后，认知税公司的人也重新出场，开始双簧表演，为专家打造更为丰满、更为可信的人设，并适时把握节奏，扭转话锋，转而介绍公司的这款产品，告知目标群体其实公司为了研发产品，花费了十年时间、上百亿的资金，运用了几千项先进技术，经历了数百次的改进，才让产品得以问世，并能够真正造福大家。

下面适时邀请公司的负责人来进行"公司动机"的表演。负责人通常会讲述企业的愿景和社会责任，告诉消费者他们公司并不是唯利是图的公司，公司更关注的其实是帮助老年人远离病痛，但和真正品牌大公司不太一样的是，认知税公司并不知名，这些内容的说服力不强。不过这些也只是场面话，重点在后面，着重的是借势。负责人会强调和公司合作的都是行业内既有影响力又有善心的人，表面宣称公司秉持着业内专家普遍认可的先进的和前沿的理念，其实是通过捏造专家的背书，达到暗捧公司的目的。

然后话锋再一转，回到消费者最关心的问题：到底保健品有没有效果，能不能解决大家的困扰？这时候认知税公司就会把之前编好的他们推销的产品治好糖尿病的案例和病人的感谢信向消费者展示。并趁机告诉消费者，他们的公司对产品研发的投入很大，不像大公司那样，花很多钱做广告营销，因此公司才能以这么"低"的价钱将这么"好"的产品卖给大家，只要能帮助到病人，公司宁愿不挣钱。

到这儿，真正卖产品之前的铺垫才算结束，从一开始的发鸡蛋吸引老年人来，到讲知识降低老年人的警惕，到通过各种方法进行洗脑和反向筛选，到让老年人相信公司的"家人"文化，最后才进行到卖产品环节。

下面就是"正常"的卖货环节了。认知税公司一般都会说，现在新品上市需要推广，或者现在是产品的实验性质推广，所以限量以优惠价卖给大家，卖完即止（虽然是老套路，但前面气氛烘托上去了的话依然能制造出焦虑感），这时候几个事先安排好的托儿一下就疯狂了，冲上去就买10个疗程，买完就离开会场，一方面这样能带动气氛，另一方面给剩下的人一种别人已经交卷就你还没交的压力。人在群体中，尤其是这样疯狂又热烈的气氛中，认知很容易严重下降，就凭前面的引流手段对他们是有效的，就说明他们绝对是泛认知税产品的目标群体，为了获得群体的认同就得买，所以正常进行的话会有很多老年人买，至少足以带动很多犹豫买不买的老年人去买。

认知税产品一般还会强调一下不满意产品可以全额退款，没有疗效全额退款，用了的也全退，与后文中将会详细讲的退款套路打一套组合拳。

这样全套打下来，很多老年人的心路历程可能是：刚才专家也讲了，公司的人也讲了，没想到现在还有这么替患者着想的公司，说得都挺有道理的。老祖宗留下的东西能没有道理吗？而且现在科技发展得这么快，治愈自己这病的机会来了。之前用了多少方法都不管用，错过今天这个机会，恐怕想治好就更悬了。但他们可能还会想，可这钱也不是个小数目啊，因此认知税公司为他们提供了"不好使能全额退款，用了都能退"这样的虚假承诺。老年人以为自己记下了这家公司的名字、地址，留下了销售的电话，这样就不怕他们跑路了，于是完成交易。这样下来，一个基本的讲座就完成了，不出意外的话多数老年人都会购买产品。

### 旅游

认知税旅游产品的引流手段的内核与讲座是一样的，还是利用目标群体愿意占小便宜的特点，不过引流成本就要比讲座用到的发鸡蛋引流稍高一些了，因为他们真的需要组织大巴去近郊，或者邻近的城市，本质上就是换个地方办讲座，之所以借旅游的形式来办讲座，主要考虑两点：一是作为更好的引流手段，免费旅游听起来比免费领鸡蛋诱惑力更强；二是为了给消费者营造"吃人嘴软，拿人手短"的氛围，消费者免费参加了旅游，不买点东西有点不好意思吧，毕竟会被认知税模式盯上的目标人群也不太可能是特别理性的。

如果更深入来看，首先要辨析认知税模式下的旅游产品和黑心购物团的区别。两者根本的区别就是认知税模式下的旅游产品不带有强制性，即使消费者不消费，也不会对其进行人身威胁，最多就是通过卖惨收点餐费、车费，消费者交了也不算特别亏，而黑心导游带着买的东西大家都是真的不想买的，所以很容易被群起而攻之，认知税公司组织的短途游介绍的产品大部分消费者其实是有兴趣了解的，这样一来即使有个别消费者有不同的想法，也很难获得同行消费者的支持，所以会被孤立，因而更有可能选择从众或者隐忍。

当然即使参加旅游的很多老年人对产品的兴趣不大，只是稀里糊涂就被忽悠上车了，最后的结果也是相同的，老年人到了不熟悉的地方感觉有些害怕了，因为脱离社会和时代比较久了不会打车，可能联系子女有困难，由于这种种原因，他们很害怕自己回不去了，又不知道认知税公司到底是什么路数，所以选择破财消灾，花钱买点什么然后赶紧回家。总的来说，使用了旅游的形式以后，由于从众和恐惧心理，认知税模式对消费者的转化效率很可能比办讲座更高，并且成交周期很可能更短。

出门旅游还暗示着更加宽松和轻松的心态，中国人讲究穷家富路，在一个相对陌生的城市，心理上会相对放松，花费可能也会划归到更宽松的心理账户中，这样的情况下认知税公司更容易把老年人兜里的钱掏出来。另外在短途游中讲座的流程会不那么紧张，更加分散的叙述方式也容易让老年人放松警惕。

我们不仅可以将旅游理解为使用了旅游形式的讲座，也可以理解为旅游使用了"羊毛出在羊身上"这种逻辑的打法。"羊毛出在羊身上"来源于认知税模式对消费者心理的拿捏，认知税产品的目标人群拎不清的程度非常严重，买椟还珠，丢了西瓜捡芝麻都是预期内的寻常操作。同样是卖100元的东西，如果原价是90元，10元钱运费，那么愿意买的人可能不会很多；如果直接卖100元，不需要运费，愿意买的人就会多一些；如果让目标群体认为原价200元，现在促销才卖100元，那愿意买的人就更多一点；如果是因为买了2000元钱的认知税产品，直接送价值100元钱的真东西，那就是买到认知税公司组织的旅游产品了。

为什么说它是"羊毛出在羊身上"的打法呢？正面来说，就是利用上文中提到的完整讲座逻辑，向目标人群解释为什么这些产品要卖2000元以及用2000元买这些产品其实已经非常值了的问题；反面来说，就是挑选一些目标群体认为能

"占点小便宜"的手段，比如小到逢年过节送点不值钱的茶叶、养生壶、小点心什么的，组织个座谈会，包来回车费，大到真的组织中长途旅游，再挑选一些目标群体不愿意花钱的领域/认为是"享受"的领域/容易跟其他老头老太太聊起来的领域，比如打车/旅游/送保温杯，解决的问题是送的这100元具体花在哪儿的问题。当然这100元里还会有少量花在营造"家人文化"上，比如送的小东西上会印上公司的名称，会定期组织目标群体聚餐、座谈、分享自己的感受等，来帮助老年人确信自己确实占到了小便宜，并且后续还有更多小便宜可以占，同时促进认知税产品在老年人圈子里传播。

正面和反面的物料都准备好了以后，认知税公司还会再增加一些说服力，比如使用讲座环节中有时会用到的一招，那就是告诉消费者，公司其实是把其他公司做广告花的钱花在了给"家人们"带来福利上了，公司能发展起来全靠群众的口碑和认可，其实办公司不是为了挣钱，公司最看重的就是"家人们"，只有让"家人们"满意，公司才能有更好的发展。

物料准备齐全以后就可以形成闭环了，也就是认知税公司不仅能以优惠的价格带给消费者好的产品，还能额外带给消费者一些很好而且切中消费者心坎的福利，公司把消费者当"家人"看待，所以才努力为大家争取好的福利。

在这个逻辑闭环下，消费者会真心认为认知税公司是真的有良心，花这2000元钱就算只有旅游也挺值的，再加上还能获得质量优异、效果神奇的保健品，那真是稳赚不赔，当然这些还都不是最重要的，最重要的是消费者很可能会基于认知税公司的福利和不赚钱也要给消费者福利的说法进行升华和反推，也就是这么好这么有良心的公司，做出来的产品会差吗？以升华后的视角来看待认知税公司推荐的保健品，那必然非常值了，值到什么程度呢？值到随便花一两万块钱买都一点不心疼。

至于实际情况，认知税公司之所以能那么慷慨地拿出钱让消费者去旅游，是因为它把用在产品生产和研发成本、售后成本都挪到了产品营销上，也就是消费者能够参加旅游，唯一的原因就是钱其实是消费者自己掏的。在美好的幻象下，消费者最终以高昂的价格买到了毫无功用的保健品和成本低廉还充满推销的短途旅游。

# 找 工 作 类

## 针对的人群

找工作类认知税产品、包过班类认知税产品和成功学类认知税产品是具有一定共性的三类认知税产品，因为针对的目标人群基本都处于人生或者学业的低谷期，或者说根据"选人"的原则，主要针对的是具有无业、失业、在家带娃但寻求重回职场机会以及急需用钱等状态特质的人群。

具有这些状态特质的人群并不一定具有共性，因为人生有低谷期就算不能说实属必然，也可以说很常见，具有一定能力、背景和社会支持的人群更可能从容地面对低谷期，并通过常规手段来度过低谷期，比如依靠自己的能力和人脉重回职场，而处于低谷期并将希望寄托于认知税产品的人群则更可能在面对低谷期时更加急迫，在能力、背景和社会支持上也可能存在一定的不足，这样的人群就开始有了一些共性。

处于低谷期并将希望寄托于认知税产品的人群，通常没钱、没学历、没背景，也没一技之长，这是比较普遍的情况，随之而来的结果就是他们按照常规路线赚钱的可能性很小，一方面好的机会一般都离不开学历、背景、技能，另一方面就算人生一切按照顺利的方式进行，想要取得世俗的成功也非常不易，也就是说，从好小学→好初中→好高中→好大学一路顺利走来，才有更大可能进入"高级"公司，这一路有一步没跟上，想回到既定的轨道将会比较困难。好不容易参加工作以后也是如履薄冰，既不能总换工作（这样就给公司不是稳定踏实的螺丝钉的印象），也不太可能一直待在一家公司（这样很可能薪资会出现倒挂现象，并且一个萝卜一个坑，没有上升空间），中间要是想休息几个月那更是痴心妄想，就是这样，到了一定年龄还可能面临失业，更何况这部分人群就算能够光荣地成为"螺丝钉"，也都有各自的"短板"。

以家庭主妇为例具体分析，首先家庭主妇基本都脱离职场一段时间了，而且一般都是有家庭负担的，在面对面试官时工作经历造假容易，但脱离职场的时间却只能用新的职场经验和成就填补，何况她们同时还承担着繁重的家庭负担。同等条件下，面试官更倾向于选择没有家庭负担的年轻人，因此家庭主妇走常规路线重回职场的困难是很大的。

当然常规路线只是一种选择，条条大路通罗马，其他的非常规路线也有，比如创业，或者做主播、销售等，可有一部分人通常胆子小、脸皮薄也不够聪明，不管是性格、从小的成长环境，还是外部环境对心理的影响导致的，反正这些因素加在一起又让她们走非常规路线也困难重重。所以当大多数方向都不是非常适合自己时，到底怎样做才能成功，确实是个非常棘手的问题，这样的情况也就让这部分群体容易病急乱投医，成为认知税公司眼中的"肥羊"。

针对这样的人群，认知税公司分方向推出了产品。按大方向来说，一个是解决现存问题以取得成功，另一个是直接走捷径取得成功。针对帮助目标人群解决现存问题以便其往常规路线走的，那就有找工作类产品和包过班产品，认知税公司构建出三段论——消费者的问题很严重→但是他们都能100%化解→花的钱就是个数字，总之结论就是投资自己是非常值得的。针对想走捷径的人群，那就要让一步，告诉这部分人群，以他们自身的条件，常规路线走起来确实困难，但常规路线既不是唯一解也不一定是最优解，只要跟着认知税公司说的做，也是能成功的，这一类产品通常是成功学类产品。

找工作类认知税产品作为处于低谷期的消费者更为保守的选择，很可能是消费者在低谷期时会首先去了解的认知税产品，因而放在面向低谷期人群的三类认知税产品中第一个介绍。

## 顶层设计

找工作类认知税产品主要是利用找工作这件事劳资双方信息不对称的本质，应聘者事先很难搞清楚公司为什么要一个人，也很难搞清楚公司为什么不要一个人。

从正面来说，公司招人除了考虑应聘者的工作能力，还要考虑其稳定性、服从性、婚育问题等，主要还是双方匹配度的问题，条件好的也不一定适合公司，条件没那么耀眼的也不一定不适合公司。有的公司需要能稳定当螺丝钉的应聘者，有的公司要能力突出的，有的公司面到合适的应聘者马上就给offer（录用通知），有的公司面完所有人才开始综合考虑。反面来说，面试过程中，被不懂专业的人事卡在一面的情况并不少见，遇到面试官觉得应聘者不合眼缘也有可能，还有各种为了卷而卷的无领导小组面试、群面、笔试、性格测试，更不用说内定、VIP名单了。另外最重要的是，公司得有用人需求，得有岗位空缺，经济形势不好公司不招人，那上面说的这些也就都没用了。所以不管是海投，还是内推，投上几十几百来份简历，面试十来次，有一两个offer也算不错了。这个过程中不确定的因素实在太多，不管是能否影响到最终结果，还是影响的权重是多大，谁要说能把这些都弄得非常明白，那指定是为了骗钱。

## 路径拆解

将找工作类认知税产品拆解为关于自己、关于资源和关于运气三个部分。这三部分既可以单独作为认知税产品，也可以进行两两组合乃至于整体打通。组合拳产品将单独分出来说，与单独的产品思路会略有不同。

### 关于自身的找工作类认知税产品

如前文所述，正常情况下，找工作时应聘者面临的不确定因素实在太多，运气占比不小，具体怎么做更好还要因人、因行业、因企业而定，笼统来说，应聘者只能是积极准备，不断总结经验，并在实践中不断试错，调整好心态。

找工作时，最简单的提升自己的方法包括润饰简历、寻找实习、练习话术。这每一项当然都有积极的意义，自然也就不是认知税了。但是，这些似乎离找工作类认知税产品更近了一步，主要是因为认知税公司会宣称自己"掌握"了找工作的终极奥义，那就是"xx是找工作最重要的敲门砖"，"xx改好了至少增加80%的面试机会"，"你找不到工作最重要的原因就是xx不行"。目标群体对照自身情况一看，觉得都说到了自己的命门，认为自己之所以找不到工作是因为没有先学习如何找工作，这时候就正好进入认知税公司设下的圈套了。

找工作类认知税产品的基本逻辑不同于正常润饰简历的商家类似于按件计价的逻辑，它会有一整套的忽悠逻辑，首先大概会有个小客服先了解一下消费者的情况，比正常的润饰简历的商家问得更细致，然后就会开始根据情况分析消费者的求职条件，再告诉消费者只要把简历改好了，投10家公司少说也有9次面试机会，最后就是告诉消费者怎么修改简历的格式、模板、照片，怎样根据每个公司的职位和职责调整简历内容,甚至还会强调简历需要动态调整,为之后继续欺骗目标群体打下基础。

消费者付费购买了找工作类认知税产品后,可能会有几种结果。一部分人付费购买了认知税产品后并没再找工作,双方平安无事。还有一部分人改了简历以后找到了工作,这时候认知税公司就会把先后关系当成因果关系,大肆宣传消费者找到了工作,唯一的原因一定是购买了其所提供的相关产品和服务,找不到工作的最大原因就是没有购买此类产品和服务,所以这部分成功的案例变成了他们的宣传材料。还有一部分人买了产品还是找不到工作,会反过来质疑认知税公司提供的产品是不是有用,客服可能会装模作样地了解一下消费者的基本情况:如果这部分人有面试的机会,那就会告诉他们"不购买我们的产品你连面试的机会都没有";如果没有面试机会,那就可以直接告诉他们,现在大环境不好、改好简历只是万里长征第一步、现在找工作人脉非常重要,然后自然过渡到第二个陷阱,也就是关于资源的认知税产品。

### 关于资源的找工作类认知税产品

为什么要从自身过渡到资源呢?那是因为关于自身的部分除了包装自身(主要是简历),就是自我提升,比如后文将要讲述的包过班,以及成人高考和在职硕博这类。但是一方面自我包装部分能起到的效果比较有限,而自我提升是比较慢的过程,目标群体又着急,另一方面求职涉及的两方之间存在过大的信息差,所以自然就过渡到资源部分了,资源可以分为较弱的信息、经验技巧资源,以及较强的岗位机会资源。

资源类认知税产品强调资源是当今社会找工作最重要的影响因素,也可以泛化、弱化为强调人与人之间的连接、弱联系、合作的重要性,还可以反向强调为求职者对求职本质的不了解、对公司招聘时想法的不了解是求职受阻的根本原因，并会强调个人再优秀离开资源都不行，一般认知税产品还会直接忽略求职中的运气成分，目标客户问起来就说人定胜天，努力的人运气不会太差，以免运气成为影响目标用户购买产品的不利因素。

关于资源的认知税产品相对于关于自身的认知税产品而言，更依赖个人或机构的影响力。这类产品的根本逻辑在于信任的传递而非某项技术对求职的影响，也就是消费者相信认知税公司在职场圈里有影响力，进而才能相信认知税公司是有可能拥有资源和求职者所接触不到的信息的，所以资源类认知税产品要对个人或者机构做大量的夸大包装，强调个人和机构以往的从业经历或辉煌的战绩、海量的资源。

逻辑捋顺了，个人和机构也包装好了，下面就该琢磨到底该怎么忽悠求职者购买这类产品了。

对于信息和经验技巧资源，此类认知税产品的基础工作是打造乌托邦式的职场环境，主要是依靠编造成功案例和极端个例当佐证。对应到具体求职过程来说，比如针对求职者应对某些刁难问题的面试技巧，认知税产品提供的方案是只在他们虚构的职场环境里有效的方法，也就是说，在现实中是无法奏效的。但他们可以通过做咨询和知识付费来获取经济利益，也可以通过社群营销的方式，把目标群体忽悠进愿意付费的群里，后面就是运营的问题了，找个小助理每天发发从网上搜集的招聘消息和求职技巧，再安排个求职"大师"隔三差五直播，群里气氛一活跃大家就能互相交流，进群的人如果真得到了什么有用的东西估计也是从其他群成员那儿学的，但他们会认为是这个群本身厉害。

对于岗位机会资源，资源类认知税产品并不会声称自己能把求职者直接介绍到某公司上班，然后收几十万元介绍费就跑路，因为这样就触犯法律了，而是会以人设为基础，在指导消费者修改简历准备面试的同时，也暗示求职者提供该产品的个人或机构在职场圈有影响力，了解各公司的需求，深谙面试技巧，可以联系和操作各类岗位机会资源。

### 关于运气的找工作类认知税产品

运气类认知税产品会声称自己可以帮人"改运""改命",并对具体问题进行调理和化解(比如买个小摆件)。针对的群体就是对于玄学方面认知较为局限的求职者。实际运用的方法五花八门,从烧头香、诵经祈福、求仙拜佛、改运手串、风水摆件,到小程序花钱点香等不一而足,典型话术就是求职者不是能力不行,而是运气不够,只要购买这类产品,求职者就能如愿以偿了,购买后还是找不到工作,那说明还是心不诚(钱花得不够)。关于运气的找工作类认知税产品会刻意忽视求职者自身的情况和资源,强调的是个人在命运的洪流之下的渺小。

### 关于"自身+资源"的找工作类认知税产品

这种认知税产品主要运用话术把自身和资源两者结合起来,通常是作为递进关系,也就是强调自身的包装、自我能力的提升是求职的基石,而资源能够提供更大的助力。

### 关于"自身+资源+运气"的找工作类认知税产品

这类认知税产品一般是由假的玄学大师提供,也就是"大师"会首先分析求职者自身的情况,包括其适合做什么工作、近期的运势、与应聘公司的匹配程度等,然后再有针对性地对求职者进行"调理",最后还可能帮求职者牵线搭桥寻找机会,因为"大师"在职场圈影响力大、人脉广。

这样全链路运作的模式对"大师"的要求就高了起来,再也不能只是简单地为目标群体提供一些改变运势的产品，但全链路打通以后的好处是显而易见的，不仅可以套出更多钱，还能接触到层次更高的人，方便运作资源。这一类综合性的认知税产品通常贯之以"咨询"的名号。

下文将以依托于玄学的"大师"为例，讲述"大师"们为目标群体提供"咨询"并赚取消费者认知税的"诀窍"。

### 已知的一半答案

不管是主动送上门的，还是"大师们"引流来的目标群体，98%都是遇上事儿了的，不管具体问题是什么，剩下至少还得有1%是咨询未来规划之类的，这种就更好忽悠了。这样的反向筛选比前文中讲的各种"选人"手段都好用，所以目标群体找上门的时候，"大师"们至少已经知道答案的一半了，那就是对方只要问工作，那他的工作指定有哪儿不顺利，问感情，那多半也快要分手了，如果都顺利就不会来找"大师"了。

### 简单识人

很难说是社会经验相对丰富的人更容易发展成为玄学"大师"，还是选择做玄学"大师"以后社会经验相应地丰富了起来，反正这帮人不管是通过面相，还是通过穿着打扮、精神气质，就能对消费者做一些简单的判断，只是这些判断并不来自玄学。通常来说，消费者对"大师"的信任也是有保留的，只是比较相信"大师"的能力A（玄学能力），但"大师"给的结论就算是对的也是运用的能力B（不来自玄学的识人经验和技巧），所以这个路径还是很微妙的。

### 话术的基础搭建

"大师"们的话术主要是基于看起来比较细，听起来很厉害但实际上是普适的、可以很简单套用的东西。从个人出发的话，"大师"很喜欢聊年命，金命怎么样，木命又怎么样，还有日主（背熟十天干意象就行，工作量不太大），颗粒度再细一些还会看看喜用神，手机上要是能显示命格也可能会背出来给消费者听，到这儿基本也就差不多了，最多趁消费者不注意再读一段软件上的解析（老套路是把祈祷环节放在排完盘之后，说回屋跟神沟通一会儿，实际上是慢慢看手机上怎么说再转述给消费者）。

### 获取信任的方式

"大师"们一般都会点障眼法，不管是类似于魔术的技巧，还是假装掐指一算，重形式不重内容，只要易于显露就行了，反正结论也不是从这儿得出来的。内在的逻辑是"大师"们希望将自身塑造成来自更高层次的信息传递者和解读者，而不是擅长运用八字命理的"工匠"或者"技师"。

### 应对问题的套路

应对问题的基本原则就是既顺应对方心中预设的路径，又保护自己的安全。如果消费者问感情问题，问要不要分就是要分（如果是小矛盾就回去吵架了，而不会来找"大师"），问某事有没有危险，那指定就是有（如果说没危险，那么后边出事了消费者指定跟"大师"没完，但是如果说有事而实际没事，对方肯定高兴，早忘了"大师"出错这茬儿了）。另外，对于消费者问的事，"大师"也会好好拣选一下，这也是认知税产品的一贯思路，选品做不好就意味着后续可能会给自己带来麻烦，比如消费者问的真是大事（比如厂里总是有人员受伤，问能不能挺过这次手术之类的），那"大师"肯定不接，问就是最近闭关了或者身体抱恙。

### 坚定的态度

"大师"会准备好一些回答问题时的底牌，用来支撑回答问题时坚定的态度。

首先，对于较为主观的问题，也就是没有客观标准可以衡量的问题，回答得有出入时应该如何应对。比如消费者认为自己现在的工作挺好的，但"大师"曾断言这份工作并不会令人满意，那"大师"可以采用经典防御性话术——做别的工作发展指定更好/其实消费者只是嘴硬，自己也知道其实干这个发挥不了自身的才能（共情式陷阱）。

其次，对于回答得不对也不主观的问题，比如"大师"对消费者说要发生不好的事，但实际上没发生，那就是消费者福大命大，还可以添加细节和承接话术，比如"我又看了下，您八字里有六丁天甲保佑，不过这次虽然躲过去了，但实际上您身上已经隐患重重，必须请个什么宝贝放家里，或要做法事"，为继续欺骗消费者做好铺垫。

最后要是还不对，那么"大师"就会用排除法了。消费者的情况既然不满足前面所说的各种可能，这时候"大师"还有最后一个借口能用，那就是将错误归因于外部因素，比如消费者不知道自己出生的准确时间，从而影响了"大师"的准确性。

准备好底牌后，"大师"的底气比较足了，知道一旦出问题自己要往哪儿退了，因此对消费者说结论的时候就会显得非常坚定而且强势，以坚定的态度配合障眼法获取消费者的信任后，"大师"就会选择少说容易露馅的东西，多对消费者讲人生道理，多展望未来。

**怎么解决问题**

建立好消费者对自己的信任后，"大师"就可以根据前面忽悠消费者的内容来"收割"消费者的钱包了，可能是通过卖改运的东西，也可能是提供诵经服务、做法事等，这时候就要看"大师"的资源和"流派"了。

**底层逻辑**

找工作类认知税模式仍然是在守住合法的底线的基础上利用非常传统的无法证伪的思维。因为不是目标群体几乎不会去碰找工作领域，且找工作相关领域也有很多正规的产品/服务/公司，所以认知税公司在设计产品时采取的更多的不是基于全套虚假信息的闭环，而是改变正常路径中的某一环、修改某一环的权重，比如声称自己掌握了某个求职环节的奥秘，能保拿offer/能改变消费者的运势，但除此之外消费者该做的事还得做，不管是改简历、练习话术，还是面试、笔试，消费者不是在家等着接offer就行了。所以一方面消费者就算能发现公司有问题，也离付费时间挺久了；另一方面，认知税公司也可以说自己就是教求职技巧或卖摆件的。相对于正常的产品、服务，其价格可不是高一点半点，毕竟太便宜了一是影响消费者相信其超能力，二是没法反向筛选掉脑子好使的人。

## 包 过 班 类

包过班类认知税产品可以被看作处于低谷期的消费者在购买了找工作类认知税产品后可能会感兴趣的下一类认知税产品，因为在改简历、找关系，以及"改运"这样的套路都试了一遍以后，可能消费者意识到还是应该回归到提升自己，在常规路线上最后一搏。而提升自己的方式主要可以分为三种：一是最正统的成人高考、在职硕博这类产品；二是包过班类课程，针对社会主流认可并且方便变现的考试和技能，不管是英语考试、考行业资格证，还是编程写代码都算在内，也是本部分将要介绍的内容，既可以直接包过考试，也可以异化为保offer/培训完包就业，还可以反向操作为收钱直接给offer，同时也真的进行培训，有着较为丰富的玩法；最后就是找工作类认知税产品中经过系统的包装推出的直播课程、知识付费等内容，大多数课程的目的并不是做自我提升的课程，更多是作为过程产物、引流手段，围绕打造个人影响力来做，就课程本身而言，如果具有认知税属性，很可能是套用了成功学的思想，这将在成功学类认知税产品中介绍。

包过班类认知税产品微妙的地方就在于信息差是摆在明面上的，那就是认知税公司会介绍一些消费者不会而且想学的东西，在这样的情况下就算是受教育程度高、对社会有一定了解、认知能力不差的消费者也很难将信息差弥补到不影响判断的地步，因为花钱报课就说明消费者不会，要是都会，那就不会报班学了，这样判断对方的水平如何就成了一个令人困扰的问题。

包过班面对的是残酷的考试，图的就是要通过考试，所以按照正面的思路，一方面机构要表明自己的能力，要有一系列看似很有说服力的宣传点，包括师资力量（老师考的分有多高/经验有多丰富/教过的学生提分有多猛）、课程设置（对考试的理解是什么/针对了什么通病/有什么巧妙的办法）等，而消费者就算自己不会，也必须要根据某些标准来判断对方的能力水平、教学水平、和自己适配与否，所以就产生了一系列各有缺陷又相对可行的标准。比如可以通过网络上的口碑（好的可信程度未知，不好的才相对可信），家人朋友的经验和推荐（信任所具有的传递性其实较弱），试听（更能判断不好而不是好），自己进行初步学习了解然后与销售深入沟通（费时费力）。

所以在正面思路下，机构最多能证明自己还不错，消费者也只能说服自己这家培训机构看着还行，如果说是不是大机构是一条能保障机构底线水平以及消费者不被坑得太厉害的初级底线思路，那么能够保障机构上限的思路大概是不存在的。机构为了证明自己厉害，也为了让消费者能够更相信它，就研发了包过班产品，完美地解决了机构和消费者两边的问题，机构零散的宣传点得以整合，拟合出一个让消费者无法拒绝的概念——包过。

消费者和机构也各有分类，机构可以大概分为高价高质类和严重同质化类，消费者可以大概分为经济紧张很在乎钱但想学东西类和不在乎钱就想得到最好的服务类，当然这样简单的分类略显极端，不太符合实现情况，但作为概念讨论，也不失为一种简洁的范式。处于中间部分的机构和消费者可以用退款机制、班级容量、课程所在领域等因素做调和，构成更为真实的情况。

把消费者和机构简单两两组合一下，高价高质机构+不在乎钱的消费者→机构的上限得以提升，敢收这么高的费，这个机构肯定水平很高、资源无人能敌，总之达到了包过的程度；高价高质机构+很在乎钱的消费者→同样机构的上限得以提升，同时很受关注的下限也得以提升，原因是不过包退和"双赢机制"（不过退钱将在进阶版中详述）。同质化机构+不在乎的钱的消费者是不常见的组合，先略过。同质化机构+很在乎钱的消费者，消费者因财力所限而选择有限，报班时不敢奢求上限但追求不能亏钱，其所关注的下限也得以提升，原因还是不过包退和"双赢机制"。

通过简单的分类和组合，我们就可以发现，好不好的问题巧妙地变成了值不值的问题，并且把值不值作为中心产生了全新且成体系的课程评价系统，然而在对课程的考量中，值不值却很可能不是最重要的问题。虽然说所有课程的本质都是消费者出了钱机构才能出力，因此除了课程本身，消费者自身的努力、天赋和基础也至少具有同等的重要性，但最重要的是，重点从课程本身发生偏移必然带来负面的结果，所以仅需要改变这一环节就产生了包过班类认知税产品。

包过班类认知税产品较为直接地运用了认知税模式主动处理风险的思路，达到了以守为攻的目的。不同版本的包过班其实对应着认知税模式以"以静制动"为指导思想构建的不同的内在机制，对外的表象是根据不同的课程类别和对应的不同消费者的风险承受能力，打造各种有吸引力的卖点。通过这样的卖点，认知税模式更方便构建相应的内在机制等着消费者"上钩"，并且认知税模式预演了产品没有达到消费者预期的情况，对外的表象是消费者即使不能通过考试，至少也能够得到相应的补偿，但在实践中可以更顺理成章地快进到"按闹分配"物质补偿阶段。

包过班类认知税产品主动处理风险的思路能够奏效，主要是因为包过班类认知税产品的核心卖点是课程值不值，而对于课程好不好的论证只是副产品。消费者认为自己算得比商家还精可以说是包过班类认知税产品所针对的核心认知弱点。

消费者认为的情况——"肯定值"：

课程：由认知税公司敢于保证"不过退钱"反证了课程质量"好"。

补偿：就算课程真的不好、不适合自己导致没有通过考试，也能较为确定地得到补偿。

实际上更可能发生的情况——"肯定不值"：

课程：就按差的来，反正上课肯定比不上强，并且根据前期的设计，不通过要求补偿的消费者不会多。

补偿：不管有没有合同，按不按合同来，认知税公司都占据主动，并且行为基本合规。

## 修辞手法版

修辞手法版是不签合同+没有口头承诺的初阶包过班版本，包过性质体现在取名和课程设置、师资及教学环境上，会稍显克制，比如雅思考试可能会弱化为"7分班"，或者类似于学校实验班的取名，如"清华北大班"，课程方面的宣传是具有结构性的，包括对目标群体的针对性、普适问题的解法，以及对考试本身的理解，师资方面也会做认真的介绍，教学效果方面也会有提分对比和学员感言，教学环境上虽然不一定是小班，但一般也不是大班，总的来说，就是想通过课程名来暗示消费者课程很好。

这部分课程并不属于认知税产品，有一部分高价高质的课程，还有一部分只能说是包含夸大宣传的课程，之所以放在本部分讲述是因为后续版本会以此为基础进行演化。在所有版本的包过班里，不管是从师资、课程设置还是教学环境来看，其实这个版本的包过班的质量才是最高的，实在是非常讽刺了。

## 不过再来版

包过班从修辞手法版演变为不过再来版，主要有以下两种源头。

### 高价产品

对应的主要是修辞手法版本中的高价高质类课程，因为在课程质量达到一定水准以后，机构就很难证明自家的课程和师资比其他家更强了，在这样的情况下，如果课程的价格是建立在本身的质量上的话，上探的空间就很小了，如果课程的价格不单单建立在质量上，问题就简单得多了。只要机构口碑本身还不错，不会对产品定价起到负面效果，在此基础上，把消费者引到课程值不值这个思维链条上，就会起到一箭多雕的作用。首先，机构本身口碑没问题，所以消费者基本不会对课程质量有太大的顾虑；其次，课程值不值比课程好不好要容易证明得多，不管是通过最简单的心理路径的满足，还是安全感的满足，还是更进一步联系到双赢；再次，可以把班级规模稍稍扩大，师资力量稍稍减弱，节省成本。

### 平价产品

课程也不是一定要往贵了卖才能挣钱，走高价产品的路线是因为课程从前的高价高质的设置和口碑可以延续，同时高价方便反证包过班的真实性，反而比之前单纯高价高质的路线走起来更容易。

如果机构本身提供的就是同质化的产品，既没研究透考试的本质，也请不来好老师，之前的课程全靠销售，那么很显然是适合走平价路线的。思路就是和不包过的班相比，包过班的师资和课程内容、设置不比不包过的班差，至于环境和学员数量，学员不问，机构也不会主动介绍，学员非要刨根问底，机构才会告知培训班确实是大班，但是有学习氛围，而且会对学员进行筛选，大家水平相似，会多几个助教答疑，最重要的是包过。至于价格，自然是和不包过的班处于同一水平，在这样的诱惑下，目标群体在做选择的时候倾向性就非常明显了。

那么到底开设包过班的机构是怎么挣钱的呢？简单来捋一下，最基本的就是原高价产品将班级规模稍稍扩大，师资力量稍稍减弱，降本增效；平价产品则直接开大几百人的大班，一方面可以多招很多人，另一方面可以有效稀释没通过考试真的再来的学员上课所需的成本。

更重要的是机构会有人专门研究整套流程和各环节的漏损，从线索转化出发，可以调整包过班的版本，而通过上课—结课—考试出分—复训的漏斗，认知税产品可以调整版本内部的细节。

**线索转化与版本调整**

不过再来版包过班的路线本身没有什么创新，就是线索→触达→建联→沟通→转化这样的路径，建联及之前的问题基本就是话术的问题，跟课程本身和包过关系都不大，在经过常规的话术不断打磨→进行实践→竞品对标/了解消费者痛点后，就有了可操作的空间，区别于正规的公司，课程内容、师资等成本高，肯定是不改的（除非下面说的漏斗中表明了非常严重的问题）。那能改的东西是什么呢？就是可以按照以下几个版本来呈现包过。不过再来版本肯定是成本最低的，但是如果发现行业卷起来了/领域不确定性更大/消费者更加风险厌恶，在成熟的话术下转化率还是没有达到预期，那就可以进阶为不过退钱版；如果核心问题值不值是以就业为表现形式，那就又可以变为包就业版；如果发现消费者的就业压力实在太大，那就先给他们吃一颗定心丸，先发offer，消费者只需付费培训完就能上岗；如果发现消费者不仅关心值不值，还想博取上限，同时还觉得自己挺聪明，那就变为进阶版，以包退保障为下限，以"双赢机制"给予消费者达到上限的希望。

虽然版本不同,看起来成本会不断增高,但实际上通过漏斗的监测和具体的手段,这些版本其实也只是不同的"马甲"而已,课程本身是不变的,但认知税产品有太多种办法让消费者多花钱还花得"舒服",甚至觉得自己比别人聪明,选对机构了。

**"不过再来"漏斗与细节调整**

漏斗如图5-1所示,只要每一步到每一步之间的漏损都控制在合理的范围内,认知税公司就可以"稳赚不赔",认知税公司会做的就是控制好整体的漏斗。漏斗中的每一步都多少有点可操作的空间,当然课程本身和师资仍然是不会改变的。

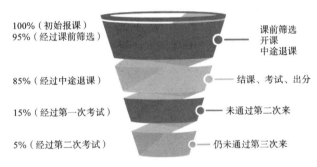

图5-1　"不过再来"漏斗

(漏斗的大致情况,数字仅供读者了解大致幅度,不代表真实情况)

从开课到结课,包过班类认知税产品会选择反着看,消费者没问题就是挺好,实在不行会直接快进到按闹分配退钱,然后就到了"通过走人"和"不过再来"的部分了,如果消费者通过了考试,尤其是高分的和提分多的,包过班肯定会宣称是自己的功劳,至于"没过再来"的消费者,包过班则会进行更深入的思考,如果"没过再来"的消费者比较多,可能会采取以下几种方法来减少这部分消费者的数量。

从源头解决的方法是课前筛选,比如硬方法就是对之前考试的成绩有要求,在一定分数以上才能报课，软方法就是免费提供一次模考，与引流结合在一起，太次的劝退到基础班去。

解决问题本身的方法如下：一是会规定可以免费重听的次数，比如第一次没过的消费者最多再来听两回。二是拖字诀，然后直接快进到"按闹退钱"。三是回归到"不过再来"版，主要对应的是后文中将要讲述的几个版本，因为不过再来是非常合格的保底手段，不过退钱、包就业等一切后面的版本都可以直接退回到不达成目标退一半钱，再到不过再来，具体怎么退，退多少，那还是按闹来退。四是会使用非常复杂的、模糊的、带小字的或手写的合同，这种合同很可能是专门请"诉棍"起草的，能弄明白的消费者本来也不会报包过班，而签了这种合同的消费者就落入了圈套，并且包过班类认知税产品很可能配合以上几种方法一起使用，比如认知税公司可能会说合同没有保证消费者8月份没过，就能马上再上9月份的课，主要是9月份上课的人真的太多了，请消费者放心，有空位肯定给安排。

所以在漏斗思维的帮助下，包过班类认知税产品对成本的控制其实是精确而且安全的。更不用提包过班面向的考试、找工作既具有强时效性，又有多个节点，错过了就会很麻烦，考试要是真没考过，那更多的消费者会选择干脆不考了、换方向，或者急了多试几个机构，所以理论上"不过再来"的消费者的数量就已经在一个比较安全的范围了。

## 不过退钱版

跟不过再来版性质上没差别，但主要是因为所处领域不同，所以会在程度上看起来更偏向消费者一些。比如说不过再来版应用在语言类考试里就能欺骗很多消费者，应用在java培训班可能就显得吸引力不足了，因为出国留学的消费者更偏向于比当前更好的发展，而参加java培训班的消费者就更偏向于谋求生计，所以后者在时间、金钱的考量上会更加谨慎，并且对风险的承受能力会更差一些，所以包过班类认知税产品会在表面上提供更多的保障，同时敢承诺退钱也会反证公司的实力。

不过退钱的核心在于退钱，让认知税公司把到手的钱再吐出来肯定并非易事。在认知税模式反向运营的部分中，由于认知税公司基本不会以品牌影响力进行溢价，所以如果包过的考试没过，决定消费者能否拿到退款的很可能不是认知税公司是否"爱惜羽毛"，因为认知税公司很可能并不在乎这个问题，决定消费者能否拿到退款的主要是消费者能给认知税公司造成多大的麻烦，因为这是认知税公司无法忽略的问题。对应到包过班领域，认知税公司以按闹退钱为指导思想，给予消费者物质补偿的机制如图5-2所示。

**图5-2　包过班类认知税产品按闹退钱模型**

（模型比例及手段仅供直观感受，不代表真实情况）

首先要澄清的是这个模型并不是一个漏斗，因为从上到下的每个环节并不必然会发生，这个模型想说明的是各种不同人群的比例，只是认知税公司试图将这样的比例控制为漏斗型。

这个模型要分两个角度看，一方面是关于认知税公司如何构建出这种比例的模型，也就是模型外的事，相对于模型内的事更重要，因为模型内执行侧的成功只能建立在有效的模型上，但不能改变模型本身。图5-2中的比例对认知税公司显然是有利的，但并不是天然就是这样的，每一步都必须精心设计。最重要的是第一步——没通过但不要求退钱，如果没有通过考试的消费者数量很多，要求退款的消费者数量也很多，对认知税公司显然是不利的，因而认知税公司会思考整体设计的问题。

从源头上解决"考试没通过但是不要求退款"这个问题就是要让大多数消费者把问题归因于自己，自然就达成了第一步——没效果但是不要求退款的人必定会占多数。

从让消费者无法要求退款的方向来解决，那就是运用一些小手段：一是附加条件，比如不过要退款可以，但是消费者上课的出勤率要达到100%；如果满分100分，消费者的分数必须在40—50分，太接近60分了不行，差得太多也不行，条条框框很多，消费者一看自己的分数，也就只能吃个哑巴亏了。二是玩文字游戏，比如包推荐就业、包实习就业。下文将会详细介绍这类认知税产品。

从是否通过考试的方向来解决，认知税公司会进行水平和领域的筛选，如果本身没过的人太多，那自然过来退钱的也就多了，这是自然而然的，所以如果在实践中出现了这种问题，那么认知税公司会从消费者的水平出发，在课前做正向筛选，把水平太差的先去掉，同时还很可能会高调宣传本公司的包过班不是谁都能来上的，和高水平的人一起学习，良好的学习氛围有助于消费者快速成长！这样认知税公司的包过班反而增加了卖点，同时还多筛掉了一部分很可能无法通过考试的消费者，最终消费者数量没少，能考上的比例还优化了。从针对的领域出发，包过班面向的领域会选取难度适中的，偏底线类的（如语言类考试），运气成分有一定占比的考试（如公务员考试），而针对太难、太小众的考试（如LSAT），培训班则更可能不会以包过的形式存在。

另一方面是模型内的事，也就是具体执行侧的问题，指导方针就是根据标准话术做事，不和消费者纠缠，该退钱的就退，因为认知税公司更在乎效率。标准话术基本没什么新意，就是连哄带吓，再加点道德绑架。举例如下：

哄——很理解您的心情/我们这边已经在催了/会尽快给您一个回复哦/上级领导已经批下来了，现在就等总监批了/您稍等一下，银行转账可能有延迟/不好意思，您还得再等两天。

吓——这就是公司的规定，我们是按规矩办事/您看合同上可没有约定/我们是正规公司，您去起诉也不可能赢的/我们可是大机构，全国多家分店，能差您这点钱吗？就是最近财务系统在更新/现在行业都是这样的，不信您打听打听。

道德绑架——我就是一个小客服，只能传达公司的意思，您也别让我为难啊/您一看就是个明事理的人，您信我，稍等两天一定给您退/最近经济不好，公司实在有点困难，可能没法退您钱，不过可以给您代金券，请您理解一下，以后再报课给您打折。

话术基本上就是这样，排列组合一下就行了，同时还可以再加上不回复、假装换客服等方式。认知税公司在执行侧的做法就是标准化的按闹退钱方式。

总结来说，认知税公司着重把控的就是按闹退钱模型的第一步——考试没通过但是不要求退款，只要第一步保证在正常的比例了，后面就会靠欺诈合同、不签合同、单纯不要脸，以及标准化的执行流程来欺骗消费者了。

## 不过退钱魔改版——包就业

包就业类认知税产品的核心仍然是不过退钱，只是这回对应的不是考试了，而是为了就业、转行，所以过与不过表现为消费者是否找到工作了。考试进步与否变为能否找到工作，对于认知税公司的好处就是可操作空间变大了，因为随着法律法规的不断完善，声称能改考试成绩/直接安排有编制的工作这样的基本可以直接和骗子画等号了，但是针对更为广义的就业，情况就不太一样了，所以包就业班就变成了以文字游戏为基础,以"羊毛出在羊身上"、上下游利益链等进阶玩法常换常新的认知税产品。

文字游戏一方面体现在怎么定义"包就业"上,比如可能定义为推荐就业,言外之意是保不齐能不能找着,认知税公司在网上帮消费者投投简历就算是有良心的;还可能定义为包实习就业,反正廉价劳动力的需求一直挺旺盛的,而且认知税公司也不会给消费者真的投实习的简历,而是和下游合作;也可能是消费者学的是A,比如编程,包的就业是B,与编程完全无关,就字面意思而言,认知税公司也确实包了就业,但并不是消费者所期待的就业。进阶玩法是认知税公司会找一个小公司达成协议,消费者学完了以后,这家小公司真的会把消费者招进去,但是试用期全体都通不过,试用期的工资由包过班机构自掏腰包,也就是消费者交的学费里包含一部分发给自己的"工资"。

## 不过退钱反转版——付费岗前培训

一般来说,付费岗前培训涉及的岗位较好,工作环境好,但是入职前由于某些原因要付费进行一段时间的培训。付费岗前培训的出现原因可能是多方面的:一方面包过考试、包就业的概念确实被玩得很透了,消费者已经对此类概念免疫了,所以认知税公司又琢磨出了新套路;另一方面如果让消费者先花钱培训,学到技术后再找工作,那他们的心始终是悬着的,自然更担心焦虑,想得更多,但是如果告诉消费者不用先学技术就能拿到offer,只是要花钱参加公司的培训,消费者的警惕性就会减弱很多,会被忽悠得更舒服一点。

付费培训的玩法中有几个有意思的点。

### 关于伪装

伪装在"付费岗前培训"中不一定存在，但加入伪装会让事情变得更复杂。不伪装的版本就会很类似包就业，就是说公司有合适的岗位，也欢迎消费者过来，但是消费者没有相关经验，可以先参加一个付费的岗前培训（但是不提培训完了肯定录取）。

稍微加一点伪装就变成了消费者可以参加一个付费的岗前培训，入职后在公司做满一段时间，比如两年，会退还培训费用，或入职后会逐月退还培训费用，不过不管怎么样都会和业绩挂钩。如果认知税公司采用的是这样的玩法，消费者入职就没问题了，但干的肯定是最苦最累的活，工资也是最低的，而且还不敢随便离职，要不然怕公司不退培训的费用，然而实际上退多少，什么时候退，还是掌握在公司手里，因为业绩是公司说了算，所以这么操作不仅能骗培训费，还能为公司找一个死心塌地干一两年的廉价劳动力。

再增加一些伪装就变成了公司免费培训，但是要签协议，如果在一定时间内离职要倒赔公司多少钱。稍微再变化一下还可能是付费培训，但是后面每个月从工资中扣除一部分，而不需要先交钱。再进阶一些就又变为伪直销模式所采用的基础培训免费、"进阶培训"收费，而且由于消费者和伪直销公司自始至终不存在劳动关系，只是"合作伙伴"，伪直销公司只是"提供创业平台"，所以又不存在传统付费培训中令人诟病的入职与培训的关系，所以变得更为微妙。

这些伪装的加入会让付费培训在灰色地带游走。因为有些正规公司的很多低端岗位比如保安甚至也会采用这种模式，并不一定属于认知税产品讨论的范畴，所以既不能一刀切说所有要先交钱的工作都是骗局，也不能像某些不负责任的"意见领袖"一样说只要注意xx就能避免xx。

### 关于培训

培训本身消费者倒是不用担心，培训完了就能入职可能是套路，但既然消费者交了钱，培训内容这方面认知税公司肯定会保质保量完成，当然是按最低标准，毕竟最开始付费培训是很多小培训机构招不到人而想出来的损招，而且消费者交了钱如果什么都没得到那是遇到诈骗了，不属于本书讨论的认知税产品的范畴。

关于合同

除了条款极其复杂让人看不懂从而让消费者受骗的合同、霸王条款合同之外，在很多付费培训套路中，一开始消费者想象中会签的合同是劳动合同，对方是甲方用人单位，而自己是乙方，也就是员工，但很多时候，合同会在不经意之间发生反转，变为消费者是甲方、公司是乙方的培训合同，如果没注意签了这样的合同，那消费者也只能自认倒霉了。

关于上下游

付费培训经常会把上下游一起带进来赚钱，最常见的就是培训机构+小贷机构的组合，也就是当消费者没有钱参加付费岗前培训时，公司会向其介绍合作的贷款机构，消费者与小贷机构签好借贷合同后就可以参加培训。在这样的情况下，培训机构和小贷机构经常会狼狈为奸，以组合拳的形式来欺骗消费者。

### 不过退钱进阶版

不过退钱进阶版是包过类认知税产品里相对比较复杂的。前文提到的包过班类认知税产品的基础逻辑都是非常简单的——过了/生效了，双方两清；不过/没有效果，把钱退给消费者，在简单的基础逻辑上，不同产品在细节之处会做一些演化和变形，但基础逻辑是不变的。

在进阶版中，因为面向的不再是考试是否通过/产品是否有效/找没找到工作这样的纯性质问题，而是面向了找工作/申请国外学校这类既有性质问题（一个都没找到/一个没申请上那就是性质问题）又有程度问题（拿了几个offer/申到了几个学校，offer质量好不好，是不是自己想要的），所以基础逻辑发生了变化，基础逻辑是这样的——一个都没有达成，把钱退消费者一半；达到基础数额，消费者付基础报酬；在基础数额之外每多10%，消费者也多付10%。

进阶版本相对其他包过班版本，有以下两个特色：一是进阶版里开始有了正规服务的影子，比如就算一个目标都没达到，也不会承诺退全款，而是会强调只收取服务的基础成本费用，只退一部分，由于强调了服务本身的价值，看起来反而更正规一些，而不是像包过班那样随便就承诺全额退款，后面只是靠退款套路和按闹分配退款，看起来更像是骗局。二是引入了一个"双赢模型"，那就是说假如大家都是理性人（实际上就算真能双赢，更多人也倾向于只是自己赢），那么进阶版是存在一种双赢的可能的，那就是机构有动力拼命去做，因为在进阶版的机制下机构做得越好，消费者给钱越多。这样，进阶版既能在一定程度上保底，又有"双赢机制"保证上限，对消费者的诱惑可能更大，也更具迷惑性。

那么进阶版的套路具体是什么呢？化用"最高阶的食材只需要最朴素的烹饪方式"原则，其实非常简单，那就是想骗消费者多少钱，就设定基础报酬是多少，至于基础报酬以外的部分，根本就不指望。进阶版会非常类似于服装店先标折后价，然后再随便写个原价的情况。而且，这样还会显得总价很高，又能反证机构的实力和信心，所以整个逻辑能形成闭环。

套路定好后，进阶版还会加一点包装，产品名字一般还是叫包offer服务，师资、模式、环境之类的介绍既系统化，又有逻辑。从实际水平来说，确实能保证及格向上的水平，不排除有个别机构可能还真有点门道。从沟通策略上来说，机构主要是劝消费者多面试/多申请保底的选择，因为消费者毕竟是想找工作/申请学校的，所以也难免要加入几个保底的选择，所以看起来双赢的局面实际操作起来更可能是消费者血亏，机构血赚，因为只要拿到保底的offer，机构基本就能拿到心中的目标报酬甚至更多，而保底选择对于消费者来说本身就是食之无味、弃之可惜的，所以"双赢"的结果可能经常不如保底的选择来得更现实。

很多时候进阶版看起来并不像认知税产品，但这些都只不过是伪装，其与正规产品有相同的地方也不过是借用正规产品模式中有利于自己的部分，比如服务本身是有价值的；而实际上还是玩包过班的概念和文字游戏，而这些是包过班类认知税产品的基石。这一切都不能掩盖进阶版基于某种逻辑闭环的溢价。

一个东西卖得贵可能有很多理由，可能是因为有炫酷的功能，可能是有过硬的品牌，可能是因为精湛的做工，当然也可能是因为其宣传的逻辑能够切中目标群体的心坎，让目标群体认为购买这样的产品是精明的，虽然这些理由通常都是相互融合着起作用的，但主次还是有分别的。如果消费者为进阶版付了钱，那更可能不是因为进阶版对专业水平的宣传而让消费者对其产生了信任，而是因为包过的保底承诺、"双赢机制"，以及高昂的费用才让消费者对其专业水平产生了信任。

总结来说，进阶版的机制进可博取上限，退可保障底线，既不违法又相对合乎情理，常以更具迷惑性的方式出现在消费者面前，大大提升了消费者准确识别的难度。

# 成 功 学 类

### 道与术

如果粗略地按照道与术来说，成功学的道是成功是可以复制的（程度上可让步→某些方向去做肯定不会错；性质上可以反转并让步→声称其掌握了人性的弱点，每个人肯定都有，就看会不会发掘和利用，并有针对性的独门秘诀。观点让步一点说显得更可信，不过内核并没有改变）。术就是"只要你相信自己会成功，你就一定会成功"、人定胜天、每天对着镜子喊10遍我很棒，最后就真成功了，诸如此类的因果律武器，共同点就是有因必有果，不受任何其他因素的影响。

在道为真的前提下，也就是成功真的可以复制，那么术所代表的因果律武器就显得没有那么夸张了，因为只是说明了成功学"大师"很好地掌握了复制成功的办法；当消费者相信了术为真时，也就是人定胜天，那么道也就必然为真，因为只要努力去做就能成功，这就证明了成功是可以复制的。道与术在成功学中是可以相互印证的。

在其他领域，是要对成功进行理论定义的，但在成功学中，就没有必要了，因为其所指的成功就是世俗意义上的成功，挣一亿就比挣一千万成功，就是这么简单。在成功学的语境下，如果说养育了三个德智体美劳全面发展的孩子，不好意思那不算成功；或者桃李满天下，一生清廉那也不算成功。鼓励消费者"其实你已经很棒了"的是心理咨询师；跟消费者大谈人生的广度和宽度是人生"大师"，大家各有各的领域，而成功学"大师"能教给消费者的只有怎么获得世俗意义上的成功。

道与术的产生主要源于人们无比希望成功是可以复制的，或者至少有一点点能够复制也可以，或者再往后退，就是希望失败了总结出来的经验可以指引自己走向成功，但残酷的是，这些都不是必然会发生的。成功的不可复制不仅是性质上的，而且是程度上的，失败的确能总结出经验，但经验也必须通过再一次实践的检验，而且就算总结出来了对自己很有帮助的经验，也未必一定能指引自己走向成功。成功不是排除法，只要排除掉错的就能找到对的。

成功学的目标群体肯定是世俗意义上不成功的人，他们追寻的成功就是世俗层面的成功，但由于各种原因他们还没有达到自己追求的水平，限于自身的见识、认知能力、教育水平等因素，急功近利是他们共同的特点，因此能吸引到他们的方向几乎都是认知税方向的，从投入最多、收获最少、最接近常规路线的包就业三个月速成python班，到不去了解行业直接借钱投资开加盟店，再升级到跟成功学导师学习如何取得成功，最后还可能进一步升级到参与传销，性质都差不多只是程度不同而已，所以与其说成功学需要目标人群，不如说目标人群更需要成功学，因为成功学为他们提供了一种自洽的可能，让他们相信在没有接受过精英教育、没有资源、没有人脉的情况下，仍然有机会借助风口或某种秘诀取得世俗意义上的成功，毕竟有未来的希望他们才能吃下眼前的苦，要不每天的日子实在有点太难挨了。

### 物料准备

道与术准备好了还是不够的，因为首先要赢得目标群体的信任，然后才能施展道与术。需要准备的物料主要分为两部分，一部分是关于自己，一部分是关于引证。

### 关于自己

本部分将讲述的是当今社会刻板印象中"成功人士"人设打造的过程，打造出来的结果是非常雷同的，只是过程有所不同而已。大概包括几个方面：一方面就是自身的"成功"，这方面很简单，只要成为有钱的"企业家"就可以了。另一方面是如何取得成功，必须要营造"白手起家"，开局必须够惨的设定，而且绝对不能依靠外力，不然的话目标群体难以产生代入感，而且过程必须要够快够疯狂，不然目标群体感觉不够厉害不够爽。整体上必须符合社会的刻板印象，比如一个月挣多少就得开多少钱的车，锦衣夜行是不符合目标人群的需求的，所以成功学"大师"必须得开顶级豪车；还得拔高的一点是，成功学"大师"就是自己挣到钱了所以愿意教大家怎么挣钱。

成功学类认知税产品会深入思考的问题是如何打造立体的人设，必须多少有点信息是真的，不然很容易"塌房"，但又不应该全都是真的，因为真的东西太多就不好对目标群体做反向筛选了，所以整个人设是会经过比较细致的推敲的。每个部分可操作的空间都是不少的，比如"大师"自身的成功方面，很可能声称自己在非洲卢旺达是知名的企业家，因为目标群体多数都没出过国，不太会质疑其在外国的成功；对于如何取得的成功，从自身出发就是强调"人定胜天"和心理暗示的强大效果，从环境出发就是强调自身找到了成功的秘诀；至于细节问题，豪车名表都可以租。除此之外，还要求"大师"本人极具煽动力，有理不直气也壮的气势，吹牛都不带打草稿的本事，这样关于自己的部分就已经打造完毕了，而且具有一定认知能力的消费者也差不多被排除掉了。

### 关于引证

光准备好关于自己的部分是不够的，因为就算包装得再过分，最多也就是个有点小钱的小企业家的水平，大企业家说什么都有人信，但成功学"大师"这个层次的"成功人士"很难仅靠"语录"得到拥趸，所以会将名人事迹和名人名言扩充为方法论进行输出。成功学需要快速证明自身的方法是有效的，名人事迹和名人名言在这样的情况下可以一定程度上充当"成功学员案例"，当然"大师"是不敢直接说知名企业家是学了他的成功学才取得今天的成功的，但可以用英雄所见略同，其实这是成功人士圈子里的不传之秘之类的话术，把很复杂的事情（关于取得成功）简单化，并搭建成闭环的方法论，证明万事万物都可以往里套，只要往里输入A，就一定会输出B，是成功学"大师"一直在向目标群体宣传的事情，也是目标群体的思维定式。成功学"大师"知道必须遵循目标人群的思维定式，告诉他们想听到的东西，他们才会心甘情愿地买单。

对于名人的物料应用，"大师"会遵循"以果推因"的原则，因为这样才能让名人的一举一动都为成功学类认知税产品服务。一方面，关于名人事迹，经典的推导就是名人之所以成功就是因为与认知税产品相关的因素，这里只要成功是真实的，推导的逻辑链条似乎就无法证伪了，具体演化的结果是一致的；另一方面，关于名人名言，逻辑也类似，只要成功是真的，那么名人说的每字每句都是金字金句，不仅就字面含义本身完全不容置疑（成功学"大师"通常会模糊消费者的站位，声称只要消费者还没有说这句话的名人在世俗上成功，就没有资格对这句话提出任何不同意见），而且甚至还有无限的解读空间（方便往成功学所搭建的方法论里带）。在名人事迹和名人名言的相互印证和循环论证中，成功学类认知税产品建立了自己的逻辑闭环。

## 具体运用

### 作为方法论售卖

最传统的方法就是消费者给"大师"付费，"大师"教消费者"如何取得成功"，或者说"大师"结合实业通过因果律武器带消费者取得"必然"的成功。成功学的道与术开始产生交互作用，目标群体比"大师"更希望最终他们会成功，但需要有一个符合他们预期的路径达到最终他们想要的结果，方便他们说服自己相信认知税产品所宣称的离谱的内容，比如掌握了成功的秘诀、可以包治百病，等等，越离谱的内容代表着越迫切的需求。

所以包治百病的认知税产品会说自己运用了来自美国顶级高校上周刚研究出来的最新成果，在官方渠道都能查到；也可能会说自己的产品是来自藏药第N代传人终于愿意公开的不传之秘，让目标群体感觉自己的病有治了，或果然这个世界某个隐秘的角落还是有能治他病的灵丹妙药的。

而成功学"大师"所提供的路径就是通过心理暗示、潜能开发、吸引力法则这些因果律武器来达成，在因果律的作用下，没有成功只能进行内归因，也就是消费者对因果律武器掌握得不好，而不能外归因，因为取得成功是必然的，怪不了外界环境，要是到这儿截止，消费者肯定不愿意了，合着不成功还是得赖自己？这时候破局点就在于，对没有成功所进行的内归因，也就是因果律武器掌握得不好，并不是可怕的事，因为这正是成功学"大师"所擅长的，只要消费者继续跟着学习，多给自己一些时间，"大师"终将帮助消费者走向必然的成功。

所以具体的路径是这样的，正面来说，消费者只要激励自己/心态向阳/坚定地想着自己想要达成的目标，就一定会成功；反面来说，如果消费者还没成功，那一定是因为自己坚持得不够久/早上喊自己能行的时候不够大声/想着要达成的目标的时候不够坚定，所以成功学类认知税产品的目标人群就会觉得果然成功是有秘诀的，之前没成功，主要还是因为没遇上成功学"大师"/没成功果然不是因为学历、家境这些外部条件，而是因为成功的秘诀掌握得还不够好。通过这样的路径，配合"成功可以复制"的指导思想，加上"大师"本身的影响力、包装及与名人事迹和语录的循环论证，成功学作为方法论才算是完整了。

方法论打造完成后就要进行下一步了，也就是让消费者为成功学类认知税产品买单，成功学类认知税产品有很多种，可能是最传统的高价课程/讲座，也可能是通过非法集资让消费者出钱、"大师"出方法一起创业；还可能通过搞封建糟粕，圈椅、字画一摆，长袍马褂一穿，消费者通过付费成为"大师"的第一代亲传弟子，每个月再供奉师父，就显得顺理成章了。

### 结合具体领域售卖

由于成功学类认知税产品作为方法论售卖有诸多局限性，如过于依赖"大师"

本身、产品内容相对比较虚，因此近年来成功学也越来越多地"寄生"在具体的领域上。具体可"寄生"的领域主要集中在偏向新兴的领域，比如短视频、新媒体、影视剪辑、配音、编程等，这些领域都是与成功学方法论结合得比较多的领域。由于售卖的产品结合了具体的领域，这部分产品将不再依赖成功学"大师"本身及其打造出的人设，只需要结合"成功是可以复制的"主导思想输出价值观打造产品即可。

就结合具体领域的成功学相关产品本身，标题和宣传图输出的逻辑基本和低端认知税产品类似，不过无脑成分含量要稍微低一些，标题从"三个月瘦十斤！！！"这种风格转变为"小白变大咖！xx的成功你我都可以复制！""下班空闲学xx，用xx养活自己""把xx当副业，第一个星期收入xx"的风格，宣传方式也从白底红字拙劣修图宣传转变为轻课程、微课、各平台直播宣传，在这样的模式下，由于结合了具体的领域，所以更重要的是某个人或机构所掌握的技能和行业渠道信息，而不是到底谁掌握了成功的秘诀，所以"大师"不再是必须塑造的对象了。

此外，结合具体领域售卖的成功学类认知税产品还会有类似于"打窝"的行为，会放长线钓大鱼，输出一些忽悠消费者的价值观，主要包括"年轻人一定要有副业""当你在空耗时光，你的同龄人已经超越你"这类的，原理就是先给消费者制造焦虑，然后成功学类认知税产品才能有用武之地。"打窝"的文章很多根本就不会卖产品，但是当目标群体被这样的价值观或多或少影响到时，后面更容易受欺骗，更有可能购买成功学类认知税产品。

### 作为工具

不仅很多成功学"大师"和机构一直在用名人事迹和名人名言作为引证，其实名人本身也会主动有目的性地抛出一些套用了成功学方法论的观点，将成功学作为工具来使用，虽然他们早已不需要卖成功学类产品赚钱了，但是在使用成功学的工具时，可以达到企业宣传和缩减员工成本等效果。

我们经常会看到的某某一连几十年没休过假/某某创业时连续工作48个小时这类的说法，很多就是名人自己说的，通过现身说法将努力奋斗与成功之间画上等号曾经是一种很吃香也很有效的洗脑和"画饼"方法。根本逻辑就是以果推因，只要自己是成功的，那么自己总结出来的"成功经验"，以及对所处领域和成功的解读也必然是正确的，既然这样的经验和解读是正确的，那么进一步说"成功是可以复制的"也就在情理之中了，因而暗合了成功学认知税的"道"，而这样的经验和解读，又通常以"人定胜天"和掌握了正确方法就能无往不利的形式来表现，因而也暗合了成功学类认知税产品的"术"，名人所叙述的"成功经验"和解读就这样套用了成功学的方法论。

名人不仅无需打造自己的人设，因为与成功学"大师"不同，名人的成功确实是真的，而且由于自身的成功至少超过成功学"大师"一个层次，因而名人在将成功学作为工具运用时，对自身煽动性的要求也大大降低，在这样的情况下，每个名人都天然就有作为成功学"大师"的基础，只是其中一部分人选择了运用成功学作为工具来欺骗消费者以及更广泛的人群，从而实现自己的目的。

## 选品的局限性

本书很少对认知税模式的选品进行评价，因为认知税模式在选品上差别不算大，而成功学作为认知税产品，在选品上具有较大的局限性。从底线来说，成功学能形成闭环，实际在市场中也有自己的立足之地，还能被当成工具来使用，作为认知税产品也是能达到商家所期望的效果的。那么成功学类认知税产品的局限性是什么呢？一句话概括就是整个模式非常依赖"大师"本人，很多时候"大师"本人的成就、能力和去留会在很大程度上影响整个体系的运行。

成功学类认知税模式要求"大师"本人是"成功的",一方面财富的绝对值要高,另一方面还要非常高调,得做到生怕别人不知道自己成功的地步才足够,而且成功是他的人设,不管是成就还是人品,方方面面都会要求"大师"做好。同时,"大师"的个人特质必须是极具煽动力的,一方面方便维护人设,另一方面这样的个人特质会是举办讲座和直播的基础,没有"大师"这样的个人特质为基础,成功学类认知税产品会卖不出去,因为这类产品售卖的更多是一种基于人设的认知、价值观和一些虚的自我暗示,而不是实体产品、课程、服务这种只要在网上上架,就可能会有不少存在认知弱点的消费者主动购买的东西。

"大师"能否满足成功学类认知税产品对个人特质的要求,主要还得看"大师"的"天赋"如何,后天训练的效果相对有限,而且很难用流程化的东西代替。在选品上同样依赖"大师"的个人特质。成功学类认知税产品可谓是成也"大师",败也"大师"。

成功学类认知税产品的局限性使得狭义的成功学在逐渐淡出人们的视野,在现阶段,成功学类认知税产品更多地淡化了"大师"的核心作用,更多是作为一种思想结合具体领域的产品呈现给消费者,不管是上文中提到的偏新兴的领域,还是在企业管理领域和心理学领域,虽然两者结合后的产品不一定完全属于认知税产品的范畴,但仍然值得消费者警惕。

## 母 婴 类

母婴类认知税产生的根源还要追溯到繁衍生息对人类整体非比寻常的意义。总的来说,基因对人有着非常强大的影响;具体来说,生育的全过程给女性带来了很大的焦虑和痛苦，因而女性所处的小家庭和大家庭也很可能有相应的情绪反应。在这样的前提下，母婴类产品成了认知税产品的重灾区。

### 指导思想——过度才是好

母婴类认知税是在一个主导思想之下分流成主要的两种方向的，该主导思想就是过度才能称得上是好。为什么会发展出这样的主导思想，可能有以下几个方面原因。

一是正面刻意迎合所针对人群的心理，也就是孕妇本人及其家人的母爱父爱泛滥、焦虑紧张、期待、不知所措，在这样的心理下，消费者很可能只要听说有个东西可能对胎儿好，根本不会细想就会直接买，或者害怕别人都做了自己不做可能孩子就要输在起跑线上，所以还是倾向于买。就算消费者进行了思考和判断，也会倾向于考虑母婴类的产品是不是有可能质量不过关、不安全，也就是考量底线问题，而会更少去考量这个东西有没有必要买、是不是真的有这么好、用起来是不是很麻烦，而母婴类认知税产品本来也没打算在底线上做文章，而是在这个产品有没有必要买、是不是真的有这么好这些方面做文章，而孕妇及其家人又恰好较少地考量这些方面，甚至可能由于自身的期待和焦虑无处安放，反而隐隐期待有商家设计出新奇的产品作为载体，来安放、表达和传递对孕妇和孩子的关心、爱和期待。

二是比较方便把老观念往里装，比如坐月子不能洗澡、不能吹空调这类，以现代视角来看其共同点就是过度，产品只要往这些观念上靠，一方面可以获得父母辈的信任，因为只要有人为之买单，认知税产品就能获得经济利益；另一方面是可以借助"老祖宗的智慧"作为挡箭牌，方便形成认知闭环，维护认知税产品自身的"合理性"。

三是可以很好地作为辟谣的防御。逻辑是这样的，虽然绝大多数母婴类认知税产品在性质上是无法正面辟谣的，因为性质就是二极管式的是或否，但就程度而言，科学严谨地说，很多认知税产品在99%的情况下是没有用的，所以最后1%的问题是必须要去解决的，而"过度才是好"这样的指导思想就能用最后1%的可能为特殊群体量身打造一种挥之不去的焦虑，比如胎儿受一点点辐射影响就有畸形的可能、孩子就算有0.00001%的可能畸形，落在个人头上就是100%这样的论调。

四是"过度才是好"符合现阶段的舆论导向，问就是关心、保护孕妇和孩子，消费者感觉不太对劲，稍微表示怀疑就会被道德绑架。

五是"过度才是好"这个观点其实是符合相当一部分人对"专家建议"的解读的，因而抛出这样的观点，这部分人群是非常受用的，丝毫不会感觉有问题。"专家建议"通常有一个内在逻辑，就是只定性不定量。比如说告诉大家开窗通风能消灭病毒，这个观点在定性上来看一般是没有问题的，但什么叫开窗，具体要开多久，消灭病毒的效果大概在什么程度，专家都没有明说，那基本上就跟没说一样，最后的结果很可能就是不大具有独立思考能力的人直接执行一刀切政策，也就是冬天也24小时一直开窗，其实本质上也就是"过度才是好"，当遇到质疑时，就告诉别人这可是专家说的，其他人"没有资格质疑"。

当然即使专家的建议具体且诚恳，也非常容易被利用，因为除了成功学类认知税，其他各类型的认知税产品也都很擅长对名人名言进行恶意解读和往离谱的方向延伸，把有利于自己的东西都装在"专家建议"的大筐里。

在这样的背景下，母婴类认知税产品有了自身的主导思想，那就是"过度才是好"，过度是一体两面的。一方面在可能存在的危险上必须要过度预防，如果说怀孕了那运动这方面就悠着点，那是正常的预防，而过度预防是这样的，比如只要听说理论上辐射可能对胎儿是有影响的，就要求邻居也必须把Wi-Fi关了；要是实在没有理论上存在的危险，那就虚构一个，依照这个方向，孕妇防辐射服等认知税产品就应运而生了；另一方面，在可能做得更好的地方必须过度重视，如果说怀孕了补充点叶酸，那是正常的，过度重视是这样的，那就是只要怀上了，孕妇就直接从人类变为另一个物种了，衣食住行都必须得是专用的，从而打开了孕妇专用产品行业的大门。

"过度才是好"这样的主导思想可以很方便地把母婴类的几乎所有产品都往里装。能够以此为基础设计出认知税产品并吸引大批的消费者，其实认知税公司是运用了形成闭环的逻辑，正面来说消费者很可能有无处安放的期待和焦虑，隐隐期待有商家设计出新奇的产品作为载体，来安放自身的爱和关心，因而在母婴领域消费者对于是不是有必要做某些事/某些事是不是没必要做到那么夸张等问题不会进行过多的思考；反面来说，当有消费者提出质疑时，"过度才是好"这样的论调就本身而言几乎无法反驳，首先程度问题是很难说清楚的，因为每个人的想法不同，其次是因为母婴类很多产品都面向了无法完全辟谣的领域，比如防辐射服、胎教仪这些，主要的原因在于现阶段科学研究的局限性。

当正反两个面向相结合时，认知税模式会将科学无法解释的很小的可能性无限夸大，不管是现阶段科学研究对辐射危害的认识还不够，还是孕妇缺少某种营养物质可能带来的负面影响，类似"没有0.001%，落到个人头上就是100%"这样的论调就会接连冒出来，这些论调不是用来和消费者吵架的，而是认知税模式用来掌控话语权的。当认知税模式掌控了话语权时，会以"过度才是好"是绝对正确的观念为前提，直接向消费者介绍不同阶段的孕妇适用的不同产品，而不管孕妇是不是根本不需要用这样的产品，同时还会对消费者进行道德绑架，话术比如"老婆怀孕这么辛苦，你连这点钱都不舍得花""自己的老婆不知道心疼"等。这样一套完整的流程操作下来，认知税公司再推销产品就顺理成章了。

## 关于增加圈定属性

在母婴类认知税产品中,本书着重讲述专用类的认知税产品,更确切地说,这类认知税产品是在普通的产品上增加了一层圈定属性,比如"专用""孕妇用""婴儿用",给产品增加圈定属性的做法在母婴类产品中已经成了一种趋势,不管是孕妇专用还是婴儿专用,几乎可以加在所有日常生活能用到的东西前面,当然这里有一些产品确实有自身的用处,不属于认知税产品的范畴,比如孕妇枕托,但更多的产品还是认知税产品。

增加圈定属性非常容易,不违反《广告法》多写几个字编个概念就够用,既有看起来比较认真的比如"孕妇专用钙片",也有非常敷衍的类似于购物平台上仅仅用于增加关联的比如"儿童学生春秋日常服装"等,但是这就给消费者本身就不容易做的购物决策又增添了一层难度。

做理性消费者在当今社会从来不是一件简单的事,就产品本身而言,到底不同产品有什么区别,贵是贵在哪儿了,厂家所宣传的特点到底有没有用,尤其是生活中我们需要用到的东西涉及太多领域,消费者几乎不可能对每个领域都有研究,比较好的办法就只有建立起一套相对快速了解一个陌生领域产品的方法论了,但这就又涉及了解的渠道和时间成本,就算消费者具有相应的认知能力,运用起来也并非易事。

增加圈定属性对消费者最有吸引力的一点是,不管产品是不是真的具有圈定属性,至少商家把产品到底"好"在哪儿拟合成了消费者很可能需要的方向,如果直接说产品"好",消费者很可能会存疑,是不是真的是这样,或者又整什么花样忽悠人,增加圈定属性只是暗含了"好"的意思,表面上是说针对某个面向肯定没问题,等于帮消费者多做了一步。与同类型的形容词修饰名词类认知陷阱相比,增加圈定属性类产品保持了相对的克制，既不像"5.0旗舰豪华版"这样露骨，也不像"柔性辟谷=轻断食"这样在加上形容词以后，被修饰的名词都被偷换的情况，对消费者来说更具隐蔽性。

对于增加圈定属性的产品来说，消费者最好的办法就是只看产品的事实属性（比如长宽高、成分、配比），不去看产品的拟合属性（比如"智能""自动""xx专用"），根据自己的方法论进行拟合以及判断，但如前文所述，这样的过程费时费力，并非易事。深入商家为产品增加的圈定属性中进行鉴别，有可能会更方便一些，这时鉴别的侧重点主要在三个方面：一个方面是产品到底增加了圈定属性没有。另一个方面是有没有偷换概念。所增加的圈定属性指的是在其增加的圈定领域更好用，还是表明该产品是同类中更好的产品。"增加的圈定属性"是更容易被信任的，比如婴儿湿巾，而"更好的产品"是更难证明的，比如某品牌的湿巾不论价格，在其他方面都比别的品牌好，因此消费者必须有所警惕。最后一个方面就是增加圈定属性是否掩盖了产品的本质，比如孕妇专用私处清洗液，掩盖了私处清洗液本来就是认知税产品的问题，学生电脑掩盖了产品本身是三无产品、性能极差等问题，并将这些缺点反向"洗白"为适合学生的需求、价格亲民的优点。

如图5-3所示，如果暂时搁置价格因素，以及商家对质量的把控，仅从概念出发，相当一部分增加圈定属性的产品会落在横坐标为提升程度、纵坐标为排他程度的坐标系中。其中，提升程度指的是其增加的圈定属性，正向提升→无代价地增加了圈定属性；指向性改变→的确具有增加的圈定属性，但在其他方面有损失；负向提升→因为其增加的圈定属性要求更低，所以相对于未增加圈定属性的普通版降低了品质后仍然可以满足其圈定属性/相对于未增加圈定属性的普通版更差，而且根本不具有其增加的圈定属性。排他程度指的是在增加了圈定属性之后，强排他性→增加的圈定属性是什么就只能用来做什么；弱排他性→虽然增加了圈定属性，但产品也有其他的属性。

| | 正向提升 | 指向性改变 | 负向提升 |
|---|---|---|---|
| 强排他性 | 举例：/<br>是否配得上圈定属性：/<br>说明：几乎不存在，因为能够正向提升圈定属性而不产生负面效果，也就不会产生强排他性了。 | 举例：窄款竞技滑雪鞋/厨师专用切片刀<br>是否配得上圈定属性：是<br>说明：特点是有得必有失，优缺点明显。比如竞技滑雪鞋，在可定制性和固定性上有提升，但舒适性上下降明显，竞技指向性明确，运动员可以不在乎舒适，但对爱好者来说太难受了。对于菜刀来说也类似，锋利/重量/耐磨无法兼顾，因此专用切片刀虽无法砍骨，但切片是专业的。 | 举例：泡脚专用姜粉/宠物零食牛边角料<br>是否配得上圈定属性：是（反向）<br>说明：弱于普通版本，勉强能胜任其圈定领域。存在的原因是某些特定需求不需要更高的品质，属于反向固定。比如给宠物吃的零食牛肉边角料，人确实不太敢吃。 |
| 弱排他性 | 举例：儿童环保漆/竞技用锻造轮毂<br>是否配得上圈定属性：是<br>说明：具有正面的提升，而且不会产生负面效果。比如儿童环保漆，提升环保性的同时不会以牺牲色泽和持久度为代价，因而也可适配成人。竞技用锻造轮毂也类似，降低重量的同时不会牺牲强度，日常用也没问题。这部分产品虽然反面来说并不排他，但正面来说确实具有其声称的圈定属性而且没有副作用，更贴近增强版或者进阶版。 | 举例：录音棚专用监听耳机/敏感肌专用护肤品<br>是否配得上圈定属性：是<br>说明：在指向方向上强于普通版本，但有代价，不过基本兼容普通版本需求。比如监听耳机在还原性和真实性上有提升，但在音色上有牺牲，不过平常用也及格，对于只听特定方向的发烧友效果甚至还不错。敏感肌向化妆品也类似，在减小刺激上有提升，在促进吸收效果上有牺牲，非敏感肌用也没问题，就是效果稍打折扣。 | 举例：厨房专用湿巾/学生用电脑<br>是否配得上圈定属性：否<br>说明：不能胜任自身圈定的领域，比如厨房专用湿巾的清洁能力不足以去除厨房的油污，又失去了普适性；学生用电脑通常也满足不了日常的使用需求，这里的圈定属性只是纯粹的噱头。 |

图5-3 关于圈定属性

如果我们把视角再拉远一些，会发现虽然在上文提到的坐标系中已经包含了相当一部分增加圈定属性的产品，但还有一部分因为过于离谱而不能落在坐标系当中，图5-4更为全面地涵盖了增加圈定属性的产品，并揭示了增加圈定属性与认知税产品的关联。

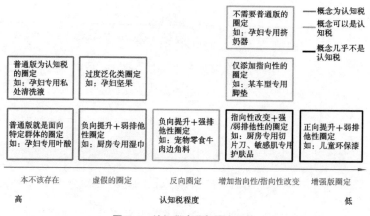

图5-4 认知税产品与圈定属性

不能落到坐标系中的增加圈定属性的产品还会涉及一个问题，那就是关于所增加圈定属性的普通版产品，普通版产品虽然不一定存在，但其存在时的性质或者本身不存在也会对增加圈定属性的产品产生很深刻的影响。

### 若普通版存在

普通版如果就已经是认知税产品了，那么增加圈定属性的版本也必然为认知税产品，比如私处清洗液和孕妇专用私处清洗液。

如果普通版本身就是针对特定人群的，那么增加圈定属性的版本是认知税产品，比如孕妇专用叶酸，逻辑等同于"过度才是好"。

增加的圈定属性仅为增加指向性的版本，微妙的地方在于一方面其增加的指向性上产品确实是符合条件的，但除了所增加的指向性部分，其他部分的性能是提升还是下降就不好说了，另一方面是这类产品的普通版本身仍有可能是认知税产品，比如某车型专用仪表台遮光垫，所以要谨慎看待这种类型的产品。

部分增加圈定属性的产品谈不上性能提升与否，也没有排他性，只是宣传时进行了过度泛化和关联，比如孕妇坚果，坚果与孕妇的关联主要在于孕妇需要补充营养，但孕妇并不是必须要靠坚果才能补充营养，就算要吃坚果，孕妇吃的和普通人吃的坚果也不必然存在区别，如果认定孕妇坚果具有其声称的圈定属性，那泛化类产品也就成了认知税产品。

### 若普通版不存在

部分增加圈定属性的产品所增加的圈定属性仅仅是给产品名称多加了修饰词，

也确实不需要普通版，比如孕妇专用挤奶器，直接叫挤奶器也可以，加上孕妇专用也没毛病，加不加都是有专用人群的正规产品。

但这种命名方式给认知税产品留下了可乘之机，比如孕妇专用胎教仪，的确胎教仪也不需要普通版，但可惜的是狭义的胎教本身又存在认知陷阱，所以在做购买决策时，需要对这类产品进行仔细甄别。

通过对增加圈定属性更为深刻的理解，消费者能够更加清晰地看到产品的本质，进而进行鉴别。

第六章

你想有效劝阻亲友购买
认知税产品吗?

1. 人们通常会采用什么方法劝阻亲友购买认知税产品?
2. 我们可以怎样识别一个产品的认知税属性?
3. 遇到不得不购买认知税产品的情况时可以怎么办?

在第一章至第五章中，本书详细拆解了认知陷阱，并讲述了认知税作为认知陷阱的整合模式是如何运作的，在对认知陷阱的理论模式和实际应用有了基本的了解以后，消费者才有可能越过认知陷阱的表象，看到各类认知陷阱的实质，从而更好地应对各类认知陷阱。

在探讨如何应对消费领域内的各类认知陷阱时，本书将着重介绍针对认知税产品的应对方式。在应对认知税产品之前，消费者首先需要知道自己面对的是什么样的挑战，意识到认知税产品的真正危害，才是解决问题的第一步。辟谣是最常见的应对方法，但做起来不仅性价比过低，同时也很可能不是消费者应对认知税产品的最优解。将应对认知税产品的思路从正面击溃转变为消除危害后，我们会发现除了辟谣，还有可以正面对抗认知税产品的方法。在应对认知税产品时，消费者还很可能需要适当地放弃一些执念，尝试与自己和解，基于这样的思路，消费者才有可能更好地应对认知税产品。

## 认知税产品的危害

如果消费者认为购买认知税产品就是让自己花了点冤枉钱，那就想得有点简单了，就算只涉及自身，认知税产品带来的经济上的损失也只是最基本的。

认知税产品的危害很多时候还会来自身边亲近的人，不管是家里的老人非要买"包治百病"的保健品，还是家人非要买能一个月减20斤的"减肥"产品，问题都会变得更加复杂而且难以解决。

更可怕的是，由于认知税产品相对普通产品更多地针对了人们的"心病"，产品更多只是作为载体和媒介，所以危害上会有些类似于"心理鸦片"，只要买过用过、身边的人买过用过，且消费者自身还没有想清楚认知税产品的危害，就算在外力的作用下远离了认知税产品一段时间，但遇到合适的环境还是会再次被吸引。

认知税产品的危害不仅仅是经济上的损失，还存在更大的潜在风险和损失。具体如下：

## 关于自身——机会成本

机会成本是比较微妙的，从更广泛的角度来说，机会的"好"和"坏"并不是那么好定义的，因为理论上每做出一个决定，都会带来机会成本，比如决定今天中午吃饺子，那这一顿就品尝不到包子的美味了，不过这种机会成本是无关紧要的。对认知税产品来说，机会的好坏就能定义了，因为一旦选择了认知税产品，基本就会失去一个好的机会，比如老年人得了疑难杂症或慢性病，却选择了只吃"包治百病"的保健品，因此错过接受医院正规治疗的最佳的窗口期，乃至于造成天人永隔，或者后期要花费更多的钱来治疗。选择了吃减肥药、用减肥神器、吃代餐，就失去了去进行真正有益于身体健康的运动及摄入均衡饮食的机会，造成反复减肥失败、心态失衡，乃至于发展至厌食、暴食，造成身体机能的严重损伤。这样的案例在新闻报道中时有出现。机会成本虽然看不见摸不着，甚至也无法用钱来衡量，但好的机会在人生中真是弥足珍贵，错过的损失是超乎想象的，也是大多数人承担不起的。

当然可能有人会说成年人就一定要做选择题吗？只能从选项A——认知税产品和选项B——其他产品两个选项中做单选，不能所有可能满足需求的产品都选择吗？对于认知税产品的目标群体来说，还真的差不多就是这样。从认知税产品的根本设计思路来说，宣传自己最行+别人根本不行/比自己差远了是必选项，无非是低端产品会夸张地踩一捧一,甚至连自己过去的产品都敢踩得一无是处,高端一些的就收敛一些,改成只说自己的产品非常好,非常全能而已,因为这是认知税产品的目标群体最容易理解的逻辑。

如果从更常规和理想的逻辑出发,比如说让目标群体给出一定的条件,满足则 A 产品更好,不满足则 B 产品更好,或者让他们认知到不同的产品术业有专攻,又或者是从品牌、功能、特性、价格等方面综合判断产品的好坏,这样的思考过程对于认知税产品的目标群体来说几乎是不可能的,所以认知税产品模式遵从了直接说自己的产品最强,买了什么问题都能解决的逻辑。既然目标群体做出了购买决策,就代表着他们大多也认同认知税产品的逻辑,在这样的逻辑下,认知税产品在目标群体眼中就是效果最好、功能最全面的,那为什么还要考虑其他的产品呢?因而当消费者落入认知税产品的陷阱时,除了经济损失,机会成本的损失总是如影随形。

## 关于身边亲近的人

这种主要针对的是消费者自身的认知能力较强,但是身边亲近的人有较多认知弱点的情况,也就是说消费者身边亲近的人是认知税产品的目标群体,并且很可能已经有多次购买或被骗的前例。

### "达摩克利斯之剑"

认知税产品的可怕之处不仅在于花了钱以后,更在于可能花钱的时候。这个时候就涉及一件物品的本质了。一般来说,物品是中性的,只是具有一定的使用价值,使用者才能决定最终如何使用这件物品。但多数认知税产品的本质就很难说是中性的,除了少数具有指向性的认知税产品,比如孕妇坚果,多数认知税产品的设计思路本身就是认知陷阱了，而不是被商家将好的东西用坏。在这样的情况下，如果我们身边亲近的人就是目标群体，而且已经有落入认知陷阱的前例，那么认知税产品的存在本身就是一个很大的威胁，就像一个一直盯着家里的贼，知道他肯定会偷，只是不知道下一次会偷什么，也不知道会偷多少，对应到家里的老年人，就是消费者知道家里老人容易被骗，但永远不知道认知税产品什么时候找上他们，也不知道他们会不会为了买这些产品把养老本都花了。

相对于本质就被认为是坏的东西，认知税产品的本质更加难以辨别。一方面这类产品常常游走在法律的边缘，通常披着不违法的外衣；另一方面，认知税模式采用的手段相对传销和诈骗更加收敛且"精妙"，因而给消费者的精准识别、维权和劝说他人都带来了很大的困难。

综上所述，对于本身具有较多认知弱点的群体，认知税产品的存在本身就是很大的威胁，通常这些产品不仅不违法而且设计极其"精妙"，虽然明智的消费者知道这种产品早晚要出问题，但无法判断准确的时间，也无法预知自己身边亲近的人在何时会受到这类产品的蛊惑。在这样的情况下，虽然认知税模式主要针对的群体并不是理智的消费者，但这把"达摩克利斯之剑"也时时刻刻都悬在理智消费者头顶。也正是因为认知税产品的这个特点，做辟谣来应对它的效果会很差，毕竟出现问题的是人，着眼于易受认知税产品蛊惑的人也许才是更重要的，后文中将详述这一点。

## 认知"搅屎棍"

认知税虽然是以产品的形式呈现，但卖出的其实是对认知弱点对应的需求的理解，因为做出购买决策的前置条件就是消费者觉得产品能够满足自身的需求，而认知税模式通过多种多样的方式，让消费者认为自身存在弱点的认知所对应的需求得到了满足，也让消费者认为自身存在弱点的认知所对应的需求应该得到满足，在购买和使用的过程中，消费者存在弱点的认知得到了印证和加强，很可能会进一步影响到消费者对整体的认知，在这样的过程中，认知税充当了"搅屎棍"的作用。

认知税"搅动"消费者认知最初级的方式就是迎合目标群体的认知弱点，比如目标群体就是相信局部减肥能够成功，那就推出"7天疯狂腹部燃脂计划"、腹部减肥带等产品。

再进一步，就是暗合目标群体内心的渴望，把他们无法清晰觉察的、内心深处的渴望说出来，并且告诉消费者，现实世界还真就跟他们想象中的一样，比如成功学产品，暗合的就是目标群体所希望的"努力就能取得成功""成功是可以复制的"这样的信念。

再往前走，就是提供救命稻草，让消费者就算心存疑虑，也会产生"不管是什么方法，先试试再说，万一有用呢""死马当活马医吧"这样的想法。比如针对疑难杂症的特效药、"根治"慢性病的保健品、风水摆件、法事等认知税产品，很可能都不需要赢得消费者的信任，因为其面向的本来也不是理智的消费者，对于目标群体来说，认知税公司只要象征性地说明一下产品的作用机理，目标群体自己就会希望这些产品是真的有效的，因为要是这些东西都没用，那么他也就真的没办法了。

最后，还是要涉及改变，当然彻底改变目前群体的固有认知那是不太可能的，比如告诉老年人不要买收音机上推荐的那些"保健品"，要多锻炼、均衡饮食、规律作息，他们有自己的想法，是不会轻易改变的。在他们还不太了解的方向，或者隐隐感觉不太对但又说不出哪儿不对的方向，才有可能进行否定和重塑，因为他们本身自尊水平较低所以对自身并不坚定，从正面来说强势的否定暗合了权威的属性，而目标群体很可能会崇拜权威，同时在他们感觉不太对又不知道是哪儿不对的方向，他们显然也是不舒服的，潜意识里希望得到他人的帮助。所以选取一个稍微沾点边又很偏激的角度，就成了简单直接拨开迷雾的唯一方法。与其说是否定了目标群体，不如说是帮助他们拨开了生活中的迷雾，只是恰好结论是他们自己在某方面做得不行而已。

在让目标群体相信自己的认知是有问题的之后，认知税公司就会对目标群体的认知进行重塑，比如，对于维生素的摄入可以正常讲"毒性"（功能及缺乏它的后果）和"剂量"（一般人通常的具体摄入量），但就是不提数据的来源。同时试图让消费者相信，其自身的疾病就是缺乏维生素导致的，或者自身缺乏某种一般人通常都摄入充足的维生素，企图在科学严谨的基调下为认知能力不足的消费者制造恐慌，诱使消费者为之买单。认知税公司一般还会界定某种方式就是最好的，比如人际沟通课，他们会告诉消费者只要上了这门课，跟什么样的人沟通都会很顺畅。在认知税改变并重塑消费者认知的过程中，虽然消费者所改变的认知通常存在一定的问题，但被重塑后的认知通常问题更严重。

认知税搅动消费者认知的危害在于，消费者身边亲近的人如果本来就有购买认知税产品的前例，也就是本身就有很多存在弱点的认知了，这些存在弱点的认知就会在不断获取来自认知陷阱的错误信息时得到印证，并且很可能会再与某些公众号以及"家人文化"发生交互反应，最后还会在用钱包投票的过程中越陷越深，类似于免费的课程大家不愿意听，而花的钱越多就越愿意去听也越投入。花了钱以后，目标群体会更愿意相信自己的决定是对的，就算隐隐感觉不对，都会想方设法让自己相信这样是对的，从而进一步强化购买行为背后的认知。

在这样的过程下，存在弱点的认知被反复印证和强化了，仅剩的正常认知也很可能会被扭曲和弱化。

所以具有正常社会关系的理智消费者会发现，认知税产品成了悬在自己头上的"达摩克利斯之剑"，而且在身边亲近的人不断地从认知税公司获取错误、片面的信息和购买认知税产品后，和他们交流也变得越来越费劲。陷入认知陷阱的目标人群的认知被搅乱，消费者喝个普通饮料，家里的老年人会说饮料里有甲醛，会产生核辐射，一直唠叨不停，然后自己转头就找微商买了点"三无"的"健康、自然、无污染、不打农药、农家自酿"的葡萄酒，说喝了活血化瘀对身体好，这时候理智的人想试着纠正他们错误的看法，但感觉都无从下手，只能说一句别老买这些有的没的了。认知出现问题影响的是生活的方方面面，不仅是经济损失那么简单。笔者认为，更重要的是着眼于易受认知税产品蛊惑的人，而不是正面击溃认知税产品。

## 常见的应对方式——辟谣

辟谣可以简单分为两个面向。一是对现实世界认知的辟谣，比如告诉老人现阶段的医学还不能根治糖尿病；二是对事物进行理解的认知的辟谣，比如告诉孕妇日常工作和生活中并不需要买防辐射服来防辐射（在后文关于逻辑架构搭建和解构迫近的部分，会详述理由）。针对现实世界认知的辟谣相对更加简单，但认知税模式很少单独针对消费者对现实世界的错误认知来构建，更多的时候是根据消费者各个面向的认知来构建的。在这样的情况下，如果消费者对事物进行理解的认知是存在问题的，那么对现实世界认知的辟谣就可以说是基本没用了。因此，下文将以对事物进行理解的认知的辟谣为主线讲述辟谣。

### 为什么要选择辟谣？辟谣真的有用吗？

选择通过辟谣来应对认知税产品，主要原因在于用正常人的思维去尝试理解认知税产品的目标群体，具体来说就是假设所有人都是理性的，那么只要认知税产品被证明不是那么回事，大家就都懂了，也不会买了。应该说初衷是好的也是善意的，但实际效果可能会不尽如人意。

对于认知税的目标群体来说，辟谣的效果是很微妙的。辟谣的局限性体现在几个方面，首先辟谣针对的是某类产品，但实际上目标群体理解的是针对的某个特定的产品，因为抽象和提炼对他们来讲是比较困难的，所以就算能辟谣，效果也十分有限。比如说家里老人受到"三高"的困扰，然后就被认知税公司忽悠着去买了能"根治三高"的特效药，就算你费了九牛二虎之力终于给老人说明白了这个药是不可能有效的，老人也被说服了，把药扔了，但他们并不关心说服过程中的种种科学论据，过一段时间，老人可能还会买类似的"药"，只不过不是原来那一种了。你会感到非常费解，往深想想就会知道，其实老人是相信而且愿意有特效药的，之前被说服也只是会认为那一种特定的药是不行的。

其次，对于辟谣的方式，必须要选目标群体能相信的，否则就无法成功辟谣。比如真实的科学研究表明某产品是假的，他们可能会说什么科学都不如老祖宗的智慧；又比如，告诉他们成功是不能复制的，他们可能会举反例说某某和某某不都是这么成功的吗？你不能复制成功，那还是因为你吃不了苦。

再次，很多认知税产品虽然不能说被100%辟谣了，但也已经基本没有人相信了，可目标群体还是会很坚定地选择去购买，因为他们坚信自身的认知是正确的。其实辟谣本身就是认知税模式"选人"最好的手段之一，被辟谣了还买的人才是真正的目标群体。

总而言之，辟谣之所以成为常见的应对认知税产品的方式是可以理解的，但就算能辟谣，效果也是十分有限的。而从实际情况来说，辟谣本身就难如登天，多数认知税产品想要辟谣根本就是不可能的，这时候辟谣的效果就更是几乎可以忽略不计了。

## 辟谣到底有多难——过三关

认知税产品由于在设计时就采用了闭环等方式来增加辟谣成本，所以通过常规思路进行辟谣只会越陷越深。

以孕妇防辐射服为例，要想证明防辐射服没有必要购买，正向辟谣是需要证明在某界定范围内（比如场景可以界定为正常生活工作，但什么是正常还得界定，还得证明所界定的正常也是多数人认为的正常），孕妇防辐射服是完全没有必要的，可能是穿了也没用，也可能是根本不需要穿，也有可能是真正能起到保护作用的并不是防护服，也有可能以上结论都能得出。虽然从逻辑上来讲做的是证伪的事，但实际是证实的难度，因为通过简单的科普无法证伪，且某个典型场景下的证伪是没有意义的（比如在卧室中，孕妇拿一部手机，屋里还有一台电脑，这样很容易证明不需要防辐射服，但远不足以辟谣，场景的代表性、手机是什么手机、孕妇是怎么拿的、怀孕多久了，都是会被挑刺的点），必须建立系统性的框架来分析。

假设真有人做完了课题级工作量的系统性框架分析，接下来将要面对的是不可知论的攻击（最重要的是关于辐射确实目前有很多没研究明白的事，尤其是对人伤害的机理），比如：关于电磁辐射的危害已经在小白鼠身上做了大量的研究，现在虽然没研究出来确定的结果，但很可能对人也是有害的；现在很多病都是辐射引起的，要不你看原来没有这么多电子产品时怎么没有某某病；还有就是认为现行标准低于国外标准就是不在乎民众健康，没有相关标准就更需要加强立法；等等。辟谣难就难在对方可以随便提一个观点，但要反驳这种观点却必须严谨，如果顺着这种思路反驳，大概只能去找个大专家来背书孕妇防辐射服是没有科学依据的，这样才可能勉强解决。而这样的做法本身就已经背离了正面辟谣的本意。

如果能挺过不可知论的攻击，再往后就是铺天盖地的道德绑架，"女人生个孩子多不容易，你连个防辐射服都不舍得买"，"这不也是买个安心吗"，"不是你的孩子你就不操心"。至少经过这三关，才敢说是彻底辟谣了。

不管针对的是什么认知税产品，可以肯定地说，完整地经过这三关的辟谣是少之又少的，且辟谣难度比防辐射服大得多的认知税产品还很多。

## 可能更好的应对方式

既然辟谣那么困难，就算能辟谣效果也很有限，我们还能怎么应对认知税产品呢？其实消费者一方面可以通过比辟谣性价比更高的方法破除认知税的谎言；另一方面可以调整目标，将应对认知税产品的目标放在消除危害和尽量止损上。

### 培养独立思考能力

独立思考能力，是消费者对内与对外的认知能够进行结合和对应时所产生的能力。建立独立思考能力确实会慢一些。独立思考能力和类似的概念——批判性思维，其实已经广为人们所知，笔者试图结合认知税领域做如下阐释。

首先，鉴于认知税产品的特点，本书涉及的案例在出版时可能已经过时了，笔者虽然对这类模式的套路提供了一部分变种、异化、黑化的可能性阐述，以及阐述了不同套路组合拳的打法，但套路被揭穿之后，总会成为新的锚点，对有所防备的消费者进行更为精准的打击，所以对现有的套路不能刻舟求剑，因此本书是不太能作为防骗工具书来使用的。但本书关于培养消费者独立思考能力的价值在于完整地阐述了认知税产品模式从选人、选品、正向策略与反向运营，以及对应的具体打法这样全链路的运作过程，因为消费者只有从全局了解了整个模式的运作机制，才能更好地走出认知税产品的迷局。

其次，培养独立思考能力并不是纯粹的技术问题，这也是拥有这种能力的人并不在多数的原因。培养独立思考能力还有一项"必修"的前置课程，那就是提高认知自身的能力，具体来说，就是需要在一定程度上拥有对自身觉察和接纳的能力，因为独立思考能力并不能脱离素材而单独进行运用，而通过觉察才能获得必须的素材，接纳则保证了素材没有失真。

比如在买车的时候，如果消费者的预算能够买到豪华品牌的入门低配版，那么到底如何选择就成了常见的问题。要做出适合自己的消费决策，首先要能够觉察到自己对这辆车的需求点是什么，是商务接待，是家用，还是出于爱好自用，哪些特征是更加重要的，是动力、配置还是品牌，并且在觉察后，还要能够接纳自己的需求，并进行取舍。选取更好的品牌而舍掉配置是很正常的，但既想要品牌也想要配置就可能无法满足预算约束，后面才是独立思考能力运用的场景。如果只是单纯思考"有钱人"应该开什么车，改个尾标到底能不能对择偶起到积极的作用，或者知道豪华品牌的"丐版"欠缺了自己非常需要的特性但又拒绝承认这一点，那么买的车恐怕多半不会是自己满意的，很快就会因为与自己的真实需求不匹配而后悔。

最后，运用独立思考能力需要主观能动性，因为它不能脱离大脑的主动思考，所以也要警惕对这种能力的强迫使用和过度使用。其实在做购买决策时，我们所追求的事情并不是恒定的，虽然很多时候是选择最具有性价比的，但也有很多时候可以是不那么理性的，甚至在一定价格区间/场景，我们可以主动选择不搭上"独立思考"这根弦，但不管怎么说首先要具备这种能力，然后才能选择是用还是不用。

## 着眼于易受认知税产品蛊惑的人

着眼于易受认知税产品蛊惑的人,意思是说,由于认知税产品虽然针对的是错误认知所对应的需求,但也指向了消费者真实的"心病",因而如果能通过更好的方式解决这样的"心病",消费者就可能不会寻求认知税产品的"帮助";另外暗含的假设是易受认知税产品蛊惑的人并非自身有错,只是在认知上存在某些弱点。

简而言之,着眼于易受认知税产品蛊惑的人这一思路就是绕开认知税产品来解决消费者的"心病"。

### 对于自身

对于自身的问题,消费者主要需要的是觉察和认知,也就是能否觉察到自身的问题到底是什么,能否对自身有一个清晰的认知,获得对自己的准确认知后再去着手解决问题,而不是期望直接从根本上解决自身的问题,比如穷就变得有钱,有疾病就变得健康,因为这些显然不完全受自身的控制,也只有认知税产品和诈骗传销敢宣传说自己一定能帮消费者解决这些问题。在这样的情况下,前文中提到的关于培养独立思考能力的"必修"前置课程,也就是一定程度上拥有对自身的觉察和接纳的能力,就成了消费者解决自身问题的必修课。

当然,获得这些能力最根本上还是需要做自我成长方面的功课,这是一个长期的过程,也不是简单几句话就能说清楚的。结合认知税产品相关领域来看,比如对成功学产品来说,其针对的是消费者"没有取得世俗成功、找不到人生方向"这样的"心病",首先这样的"心病"有可能并不来自自身,而是社会强加在我们身上的，那么对于自身来说，首先要反思的就是自己想成就的到底是什么目标，自己的人生意义到底是什么，通常由他人和外界为自己决定的价值目标都会给自己带来很大的痛苦，好的且适合自己的目标一定是通过自身的反思和验证得来的。

在有了阶段性的目标之后，还需要觉察到自身的优势，并勇于接纳自身的缺陷，这样后面要做的事就是进行小规模试错和验证了，自然也就不会往认知税产品特意铺设的方向走了。

以减肥类产品为例，其针对的是消费者对于形体的焦虑，这种"心病"同样可能不是来自自身的，而是来自刻板印象中的"好身材"。那首先消费者要思考的是，在形体方面我们所追求的到底是什么，比如是健康就好，还是确实自己就是想成为"肌肉男"或就是想更瘦点，还需要了解一些基础的运动营养方面的知识，要觉察到自己的优势是什么，比如是有时间运动、有钱保障饮食、善于运用零碎的时间，还要接纳自己有不愿意做的事情，比如就是不愿意跑步、不愿意在饮食上做改变，等等。这样思考下来消费者要做什么也就顺理成章了，而且不会那么费劲。至于减肥类认知税产品，消费者都能够接纳自身存在不愿意做的事了，为什么还要往那个方向看呢？

所以在解决自身的问题时，首先要觉察困扰自身的"心病"，然后通过对自身的清晰的认知，获得更广阔的视角，这时候要做什么就不言自明了，虽然是否能从根本上解决自身的问题，也就是穷→富，患病→健康，仍然是未知的，但方向没错总归结果不会太差，至少不会做无用功。

## 对于他人

### 正面解决

对于他人的问题，正面解决的思路就是绕开认知税产品，但达到与认知税产品宣传的同等的效果。

以购买认知税保健品的老年人为例展开来说。认知税保健品本身肯定不具备功效，甚至还具有副作用，所以他们购买这些保健品，真正想要解决的问题更多的可能是与健康无关的事情，可能是想要获得来自小辈的关心关爱、缓解越来越迫近的死亡焦虑，甚至是一个更有性价比的治疗方案。在这样的情况下，产品本身变得无所谓了，就算是被正面辟谣也无济于事，只要认知税保健品的营销手段、文案、宣传能让老年人相信他们想要获得的东西仍然能获得，那老年人还是会买。

所以着手的方向其实应该是这部分老年人真正想要解决的"心病"，如果我们能够直接帮助他们解决这些问题，那么理论上他们就会更少地向外寻求解决方法（如果实际情况与理论不符，就要考虑参考下文进行反面解决了），也就会更少地落入认知陷阱了。具体来说，如果他们真正想要的是来自小辈的关心关爱，那如果我们常回家看看，也许就会有不一样的效果；再比如老人总是找所谓的偏方就是想省点钱，那么我们也许可以通过适当的方式告诉老人钱不是问题，主要是要把病治好。只要我们主动去了解老年人真正的需求，主动出击去帮他们解决问题，他们被认知税产品骗的概率就会小很多。

**反面解决**

众所周知，我们改变自己都很困难，改变他人就更难了，执着地试图改变他人也是很多痛苦产生的根源，所以如果问题实在无法正面解决，那么我们也可以尝试从反面来解决。反面解决认知税产品问题的思路是尽量止损。

比如对于家里老人，要是身体健康，经济不紧张，也有孩子的陪伴，但就是非得买认知税产品，谁劝也不听，那我们对于家里的资产也得进行适度管理，让老年人在动用大笔资金之前需要我们把关。改变不了别人很正常，不过退一步，目标只是想要尽量止损的话，办法就会多一些。

## 逻辑架构的搭建

实在非要和认知税产品硬碰硬的话，倒也不是没有办法，搭建逻辑架构就是解法办法之一。搭建逻辑架构并不是为了去更进一步来做，而是很多时候只要初步搭建出一个系统性的架构，我们就知道答案了。逻辑框架能够有效地为我们提供一个更广阔的视角。以搭建孕妇防辐射服的逻辑架构为例，如图6-1所示。

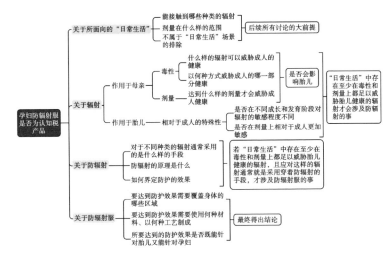

图6-1 关于孕妇防辐射服是否为认知税产品的逻辑架构

通过图6-1，我们虽然无法直接得出孕妇防辐射服是否为认知税产品的结论，但可以得到一种思考方式以及思考所需要的素材。

## 正向推导

系统性的框架所要研究和探讨的问题肯定不止孕妇防辐射服本身，而是要把孕妇防辐射服放在辐射相关以及母婴健康相关的大框架下来看。

在这样的大框架下，首先要定义所处的环境，也就是什么是通常意义上的"日常生活",能接触到的辐射大概有哪些,剂量有多少,并排除掉不属于"日常生活"的极端情况,没有为什么,只因为商家没说防辐射服是专门针对去切尔诺贝利参观的孕妇准备的。在定义好的环境中,我们很友善地不对孕妇防辐射服做"有罪推定",我们按研究的范式来假设孕妇防辐射服既有存在的必要性,也能达到其所宣称的效果,然后再来验证这个假设。

那么如何验证这样的假设呢?对于必要性来说,首先要具体探究一下辐射,如果孕妇防辐射服具有存在的必要性,由于辐射既面对胎儿也面对孕妇,考虑到胎儿有可能对辐射更加敏感,即使暂且不考虑孕妇所受到的辐射对于胎儿的影响,在我们所定义的环境中所包含的辐射是否至少对胎儿而言,本身就具有"毒性",也就是到底什么样的辐射对人体才是有害的,也达到了足够"剂量",也就是达到多少剂量"毒性"才会发作。

其次就是要探究一下防辐射的手段,就算在所定义的环境中辐射的"毒性"和"剂量"都足以威胁到胎儿的健康,那么是否就一定要采用防辐射服作为防辐射的手段呢?不管是在效果上、机理上,还是在简便易行的程度上防辐射服是怎样衡量的,是否存在更优解?

最后,就算防辐射服是在辐射"毒性"和"剂量"都足以威胁到胎儿健康的环境中较好的防辐射手段,对于孕妇防辐射服所宣称的效果来说,材质和工艺是否匹配?保护的区域是否足够?是否对胎儿和孕妇都能起到足够的保护效果?

虽然提出假设后,这些都需要严谨的科学研究去验证,不过科学研究并不是普通消费者需要做的事,作为普通消费者,可以简单进行思考,孕妇防辐射服是认知税产品的概率有多大,因为在逻辑架构下,只要有一环出现问题,孕妇防辐射服就是认知税产品了,这也符合很多认知税产品的套路,也就是在全路径中只悄悄改变其中一环。

正向推导解决的其实是程度问题，也就是当消费者内心觉得这个东西不对劲时，可以帮助消费者思考到底有多不对劲，如果消费者通过逻辑架构的分析，认为孕妇防辐射服是认知税产品的概率很大，进而就可以劝说家人不买，也不需要担心要不要买的问题了，那么事情就解决了；如果仍然存疑，或者说担心商家所宣传的"百分之零点零零几"的概率，那么还可以参照下文的逻辑辨析。

### 逻辑辨析

如果对商家的宣传进行简单的抽象化，即所面向的"日常生活"存在毒性和剂量上都足以威胁到胎儿健康的辐射为A，购买和穿着孕妇防辐射服为B，商家的逻辑是A→B，也就是只要A可能存在，那就必须得做B，但精髓其实在于商家同时以非B→非A做反问，也就是"不穿防辐射服，你就那么确定生活中的辐射完全不会影响到胎儿吗？万一胎儿受辐射影响了呢？"这形成了一个看似很难破解的闭环。

通过逻辑架构带给我们的思考方式，我们就可以抓住商家的逻辑漏洞，并相对快速地做出更理智的购买决策。

首先我们想到的可能就是破解A→B的逻辑，采用的方式就是如果前提为假，那么推论自然也不可能为真，也就是"日常生活中都不一定存在毒性和剂量上都足以威胁到胎儿健康的辐射，为什么要穿防辐射服呢？"但这种思路是注定会失败的，因为第一，A既可以是存在某种辐射，也可以让步成可能存在某种辐射，对应的商家话术就是"我们也不知道现在手机、电脑等这么多电子产品有多大的辐射，买防辐射服不就是买个安心吗"，这样以常理看仍然合理，而且还没法说前提为假了。第二，非B→非A的反问就可以破解这个思路，因为不讨论前提和推论是真还是假，这个逻辑链条还真是对的，所以这个反问是成立的。反问的精妙之处在于，当消费者在犹豫A到底是真是假的时候，对方反问如果消费者不做B，那是不是就说明消费者肯定

A是不存在的呢？这时候消费者就更慌了，一慌自然就买了。第三，A→B的逻辑的确是有问题的，甚至可以说是错的，不过A是说不清楚的事，真正的漏洞在于A与B是没有直接联系的，真实的逻辑是A→C→B，也就是说也许存在的危险是A，应对措施是B，但不管是谁都需要用核心信念C做中转。比如说购买孕妇防辐射服的群体的思考过程很可能是A（存在毒性和剂量都足以威胁到胎儿健康的辐射）→C（穿防辐射服是自己应对辐射最好的方法/唯一方法）→B（购买及穿防辐射服）。

当我们了解到真实的逻辑是A→C→B时，我们才能真正触碰到破解的方法。通过逻辑架构图，我们再加入细节重新从全局来理一理真实的逻辑。我们仍然无法确定A是真是假，不过在了解的程度上可以有长足的进步。从对于帮助自身进行判断的角度来说，我们从根源上了解到，对于"日常生活"要结合自身的具体情况主动考量，不能跟着商家的思路走。

其次就是关于辐射本身，有两种论调可以直接忽略。一是抛开剂量谈毒性，反过来，也就是只谈辐射的种类和性质不谈剂量，或只谈剂量不谈辐射的种类和性质的；二是把胎儿和孕妇完全孤立的。问题的关键其实在于C究竟是真是假。穿防辐射服真的是消费者应对辐射最好的方法/唯一办法吗？如果是的，那么需要什么前提条件呢？第一，在防护日常生活中存在的，在剂量和毒性上都能威胁到胎儿健康的辐射时（先假定前提存在），防辐射服可以通过某种科学研究认可的原理，达到科学研究认可的防护效果，而且是切实有效的方法。第二，由于简便易行或者只有穿防辐射服才能应对这种辐射，所以也是人们通常应对这种辐射的方法。第三，作为通常采用且切实有效的方法，市面上的防辐射服符合科学研究所认可的原理，并能够达到科学研究所认可的防护效果。具体来说就是在细节上不管是材质、机理、覆盖区域都能够对胎儿和母亲提供同等有效的保护。第四，上文中所述的辐射在夜晚会出于某种原因神奇地消失，因为商家没说晚上睡觉也要穿。

需要满足的条件都列在这儿了，C是真的可能性有多高，大概也能够有所判断。

所以，破局之处就在于从"现在也说不清楚到底有没有危害性的辐射，万一有呢？所以我还是买一件吧"变为"确实说不清楚到底有没有危害性的辐射，不过就算有，孕妇防辐射服能够起效的概率也基本可以忽略，所以如果真的担心这样的辐射，去买防辐射服也不会是一个好的解决方案，还不如想别的办法"。

如果再延伸一步，是不是有其他的办法呢？显然是有的，比如根据将要在2024年实施的GB21288-2022《移动通信终端电磁辐射暴露限值》，"工作在100kHz～300GHz、使用时靠近人体20cm以内的接入公用电信网的移动通信终端设备，其电磁辐射暴露可能对健康造成影响"。移动通信终端常见的就是手机，也是人们担心可能产生对人体不利的辐射的重要来源之一，所以只要把手机拿远一点，能比穿防辐射服起到更好的防辐射作用，而且更加简便易行。

当然逻辑架构的搭建也是有局限性的，那就是假定了消费者能够认识到A→C→B这个思考过程，并希望其自身保持理性。而认知税产品的目标群体恰恰缺失这方面的特质，因此本方法仅提供一个思考的方向。

## 解构与迫近

解构和迫近与搭建逻辑架构一样，同样是硬碰硬的方法。在运用解构和迫近应对认知税产品时，有一个好消息和一个坏消息。好消息是盖楼是要先打地基的，不能先盖二楼，而一部分认知税产品由于没打地基，所以其实可以在进行正面辟谣之前就将其击溃；坏消息就是可以这样操作的产品并没有那么多。

### 面向认知税产品示例

仍然以逻辑架构中所述的认知税产品——孕妇防辐射服为例，如果经过逻辑架构的分析，消费者仍然没有完全放心，其实也是很正常的，那么还可以尝试将防辐射服的形式和功效直接推到极值，采用解构和迫近的方法彻底解决自身的焦虑。虽然在推到极值时不可避免地会在程度上有一定的失真，但不会改变问题的性质，由于面向的是消费领域而非人际领域，忽略细节和程度问题并无不妥，因而解构和迫近的结果是消费者可以参考的。

首先在讨论孕妇防辐射的效果之前要先讨论其是否有存在的必要，不能跳步。

若其有存在的必要，那么得出结论如下：

在日常生活中确实存在性质上仅对胎儿有害但对成人无害的辐射（卖家未宣传我们每个人都应该穿防辐射服），且剂量足以在日常生活中伤害到婴儿，性质上和剂量上既不能多也不能少，得"刚刚好"。

该种辐射会出于某种原因在夜晚睡觉时神奇地消失，并在第二天清晨重新出现（因为商家未宣传晚上睡觉也要穿）。

若其不仅有存在的必要，还有实际的效果，那么得出结论及延伸结论如下：

孕妇身体除了被保护的腹部以外，其他部分受到的辐射对胎儿不会产生负面影响。

辐射有且仅有一种方式对胎儿产生影响——由外界通过孕妇腹部。

不通过腹部影响到胎儿的辐射不会对胎儿产生影响。

仅防止从外界经由孕妇腹部直接针对胎儿的辐射（因为样式上防辐射服99%为裙装，对脖子以上及臀部以下并没有防护）即可保障胎儿免受日常生活中所存在的仅对胎儿有害但对成人无害的辐射。

所用材质和防辐射机理在日常生活的暴露中可以有效地保护孕妇及胎儿。

当所有结论和延伸结论全部满足时,孕妇防辐射服才有存在的必要,并产生实际的效果。经过简单分析,消费者其实也就不需要严谨的科学研究帮助自己做判断了,因为通过解构和迫近,我们会发现孕妇防辐射服就是提供心理安慰的思路,胎儿在子宫里,所以就穿个防辐射服保护腹部,心里就踏实了,至于其他结论和延伸结论,即使不说非常离谱,也跟现实世界没有什么关系。

解构和迫近的优势就是避免了需要严谨的科学研究、专家论证才能消除让人担心的最多万分之几的概率,因为我们会发觉从根本上和设计思路上某些产品就是站不住脚的。如果产品本身都没有存在的必要,也没有可能达到实际的效果,那么外界是什么样,宣称能解决的是什么问题,又跟它有什么关系呢?

### 面向认知税产品洗白方式示例

解构和迫近不仅能针对具体的认知税产品,还能针对认知税产品的自我洗白。下面让我们用解构和迫近的思路来处理几种常见的洗白方式。

**洗白话术一**:我们的防辐射服是用美国高科技银丝编织而成,能够隔绝生活中99%的有害辐射,通过了xx认证,和xx知名大学都有合作的,国家的认证是开玩笑的?你懂还是专家懂?

**答**:我不否认您的防辐射服能隔绝99%的辐射。但是既然您已经确定了日常生活中的辐射是有害的,那么请您具体讲讲日常生活中都有什么样的辐射,在性质上会伤害到胎儿吗?剂量也足够吗?如果根本不会伤害到胎儿,为什么要穿防辐射服?别拿不入流的期刊和民间机构的标准来糊弄我,也请您找专家系统论证一下!

**洗白话术二**:这不也是买个安心吗?不怕一万就怕万一啊,专家也没出来说防辐射服是认知税产品,你就那么懂,你能对孕妇负责吗?

**答**：首先学界从来都没有统一的结论说日常生活中的辐射在性质和剂量上对胎儿有显著的危害，目前也没有成规模的畸形胎儿但又无法解释的事件出现，所以我没看出来万一在哪儿。再退一步来说，就算日常生活中的辐射在性质和剂量上是对胎儿有显著的危害，那您的防辐射服就保护腹部，能起到的保护作用也极其有限。专家为什么没出来辟谣我确实不知道，但也请您不要凭空制造焦虑了。

**洗白话术三**：其实防辐射服的防辐射效果只是功能之一，更重要的是能让孕妇更加安心，孕妇心情好了对胎儿不是也有好处，而且在外还可以有效地让大家识别出谁是孕妇，不要动不动就说一个东西是认知税产品，等你老婆怀孕了你自然就懂了。

**答**：请您不要偷换概念。退一步来说，就算您认为不需要承诺防辐射服的防辐射效果，但至少您也宣传了防辐射服具有防辐射的效果吧？现在反而说起孕妇的心情和怎么让别人识别孕妇，也就是产品的主要功能都无所谓的，有可能存在的副产品作用才是更重要的？这是买椟还珠吧。

当然洗白话术不仅仅有上面三个例子中这样处于初中级的，还有相对更高级一些的。

**洗白话术四**：确实单个电子设备正常使用并没有多大的辐射，但现代社会中一个家庭里的电子设备非常多，手机、电脑、平板、电磁炉、微波炉等，这些叠加起来产生的辐射量其实是很惊人的，尤其是胎儿正处在成长发育阶段，对辐射尤其敏感，所以还是建议孕妇穿一下防辐射服。

**分析**：这种话术的思路不错，该明白的时候明白，该糊涂的时候糊涂。知道说手机、WiFi对胎儿有辐射危害是站不住脚的了，所以干脆重新立一个锚点。

话术中说单件电子产品的辐射很小，但电子设备数量多了，叠加起来的辐射量对胎儿的影响就会显现，这种情况出现需要满足的条件本身就很苛刻。仅从通常情况来说，一是需要极大的数量，但这个数量已经脱离人类正常生活所需要的范围了，这么大的数量肯定会引起所有人的警觉；二是关于多个电子设备辐射的叠加，如果一个房间里有相当数量的在使用中的电脑和手机，叠加起来就足以产生对胎儿医学意义上有害的辐射，那把孕妇带到网吧是不是应该算犯法呢？孕妇自己去上班是不是故意危害胎儿健康呢？结合日常来看，辐射的叠加导致本来无害的辐射变为有害纯属无稽之谈。

## 实在没辙的应对方式

### 主动出击+解决自身的认知失调

很多东西就算消费者知道是认知税产品，也还是有可能买，因为现实生活中确实有太多身不由己的事了，但购买认知税产品不代表消费者就要当大冤种了。这种情况下消费者可以控制的事有两件：一是先下手为强，以便及时止损；二是调整好自己的心态，避免出现认知失调，这样可以减少很多心理上的痛苦。这两件事加起来能够很大程度上降低我们的物质和精神损失。

还是以防辐射服为例，既然出于某种原因非得要买，那理智的消费者应该主动包揽下这个任务。指导思想就是既然知道这是认知税产品，那就不用买把功能说得天花乱坠的，反正都没用，还不如买好看的、舒服的、符合自己着装习惯的，就当是为安抚焦虑买单了。

简单归纳如下：

> 花钱买自己感觉有用的东西 → ok
>
> 花钱买自己感觉没用的东西 → 感觉不 ok，产生认知失调

解决办法：

> 花钱买自己感觉没用的东西 → 感觉不 ok
>
> 防御性主动花钱解决自己和家人的焦虑，并将损失控制在可接受范围内 → 感觉 ok，不产生认知失调

调整自身心态这一招经常被商家反向使用，对消费者进行洗脑，比如"孩子健康最重要，花钱买个安心多好"，要多加注意这一招的方向性，这一方法只能自己主动用，不能被别人用在你身上。

### "以毒攻毒"

"以毒攻毒"的思路就是头疼医头、脚疼医脚，先把认知税产品的路走了，让认知税产品无路可走。

比如家里的老年人就是要买认知税保健品，执迷不悟，上文中的各种方法试了都没用，那可以试试找个空瓶把标签都撕干净、老人不认识外文的弄个全是外文的药瓶，往里装点维生素之类的，然后告诉他这是自己在美国顶级高校的发小从实验室帮忙弄出来的，上周才研发成功/那天跟领导去深山老林里拜访了一个老中医，正好赶上他100岁寿宴，花高价请他专门针对老人的病配的，等等。这几个认知税产品常用的套路都用一遍，是不是也许可以代替老年人深信不疑的认知税产品呢？

"以毒攻毒"的最大局限就在于目标群体没有亲自花钱，所以很多时候他们缺乏一个说服自己相信的理由，因而我们对他们进行反向洗脑的内容巩固起来有一定的

困难。在应用"以毒攻毒"时,让他们先付钱给你,你再通过别的方式还回去,效果可能会更好。认知税产品的目标群体基本是想不明白科学道理的,如果是别人替他们出钱买认知税产品,很可能会适得其反,在如何让目标群体亲自花钱这个方向再增加一些巧思,"以毒攻毒"的效果会大大提升。

图书在版编目(CIP)数据

谁动了我的钱包:解构消费领域中的认知陷阱/马克著.—武汉:华中科技大学出版社,
2024.6
ISBN 978-7-5772-0676-9

Ⅰ.①谁… Ⅱ.①马… Ⅲ.①消费者权益保护-研究-中国 Ⅳ.①D923.8

中国国家版本馆 CIP 数据核字(2024)第 067171 号

谁动了我的钱包——解构消费领域中的认知陷阱　　　　　　　　　　　马克　著
Shei Dongle Wo de Qianbao——Jiegou Xiaofei Lingyu Zhong de Renzhi Xianjing

策划编辑：亢博剑　孙　念
责任编辑：孙　念
封面设计：璞茜设计
责任校对：刘　竣
责任监印：朱　玢
出版发行：华中科技大学出版社(中国·武汉)　　电话：(027)81321913
　　　　　武汉市东湖新技术开发区华工科技园　　邮编：430223
录　　排：华中科技大学惠友文印中心
印　　刷：湖北新华印务有限公司
开　　本：710mm×1000mm　1/16
印　　张：13.5
字　　数：198 千字
版　　次：2024 年 6 月第 1 版第 1 次印刷
定　　价：49.80 元

本书若有印装质量问题，请向出版社营销中心调换
全国免费服务热线：400-6679-118　竭诚为您服务
版权所有　侵权必究